José Elías Torres

Editor

Filiberto Ojeda Ríos su propuesta, su visión

San Juan, 2006

Claridad

Ediciones Callejón

Filiberto Ojeda Ríos
1933-2005

Segunda edición, 2006

Ave. Las Palmas 1108
Pda. 18 P.O. Box 9024
San Juan, Puerto Rico
00908-0024

Tel 787-723-0088 Fax 787-723-5850
edicionescallejon@yahoo.com

Diseño colección:
SAMUEL ROSARIO

Tipografía:
Marcos Pastrana Fuentes

Fotos de Filiberto Ojeda Ríos
y de su entierro cortesía de
Farrique Pesquera

ISBN: 1-881748-51-0

Este libro fue posible, en parte,
gracias a la participación de la
Fundación Francisco Manrique Cabrera

Colección ensayos–En fuga

Datos para catalogación:
Filiberto Ojeda Ríos: su propuesta, su visión

Torres, José Elías

1. Filiberto Ojeda Ríos
2. Colonialismo
3. Puerto Rico
4. Movimiento independentista puertorriqueño
5. Lucha de liberación

Índice

Elma Beatriz Rosado Barbosa **PRÓLOGO**

Conocer a Filiberto....

A Fidel Castro
A Hugo Chávez
porque conocieron a Filiberto

Conocí a Filiberto a través de su palabra. De su palabra comprometida y verdadera. Conocí de su compromiso con su pueblo, con la independencia. Conocí de su sacrificio y de los riesgos que estaba dispuesto a enfrentar por los suyos. Conocí de sus sueños: "Soy soñador porque soy revolucionario..."

Este es un proyecto que permite conocer a Filiberto. Conocer sobre su palabra comprometida y verdadera; su compromiso con su pueblo, con la independencia; su sacrificio y los riesgos que enfrentó por los suyos; sus sueños; su destino y el aplomo con que enfrentó a sus enemigos. Sobre todo, es una aportación a la lucha como proyecto de trabajo para dar a conocer el pensamiento político de Filiberto. En qué creía, qué lo guiaba, qué sentía, con qué soñaba...

El 23 de septiembre de 2005 el Buró Federal de Investigaciones (FBI) asesinó a Filiberto.

El día en que conmemorábamos la gesta del Grito de Lares, nuestro grito de rebelión contra el colonialismo español, el FBI derramó la sangre de un luchador consecuente, intachable, valiente, honesto, aguerrido. Uno que daba la batalla a cada instante, cada momento, y quien luchó de todas las maneras posibles por librar a su pueblo de la esclavizante situación colonial. Nunca cejó en su empeño liberador ni varió su camino. Una fuerza mayor lo guiaba. La sentía. Sentía esa fuerza que le dictaba su compromiso. Por él estuvo dispuesto a entregar lo más sagrado: la vida. Su única y última posesión.

A Filiberto lo asesinó el FBI. Lo asesinaron para tratar de sofocar su voz. Lo asesinaron para tratar de tronchar la lucha de un pueblo. Lo asesinaron para tratar de quitarle la dirección a la lucha y el ejemplo revolucionario que él representa. No pudieron hacerlo. No pudieron acallarlo. No pudieron tronchar la lucha. No pudieron quitarle a la lucha la dirección y el ejemplo que él representa.

Filiberto, quien siempre le habló a su pueblo con la verdad, con la pureza de espíritu que siempre tuvo, con la honestidad que fue parte de su constitución, con el amor que siempre rigió su vida.

Filiberto es un revolucionario. Filiberto es un hombre de amor. Su obra para su patria, su lucha para su patria, su sacrificio para su patria parten de su amor por su pueblo.

Hay quien se atrevió a cuestionar ese amor. Quien cuestiona ese amor, cuestiona el amor mismo. ***"Quien cuestiona el amor no vive, no siente, no escucha."****

El Gobierno de Estados Unidos no vive, no siente, no escucha.

El FBI no vive, no siente, no escucha.

Se atrevieron a cuestionar ese amor de Filiberto por su pueblo puertorriqueño. Esa es la afrenta más grande que le han hecho a nuestro pueblo. A un hijo de la patria puertorriqueña que profesó defender a sus hermanos y hermanas del invasor que ocupa nuestras tierras y nos atropella día a día.

---

*Palabras de Carlos Javier Vázquez Berríos, desobediente civil encarcelado por su participación en la lucha por la salida de la Marina de Guerra estadounidense de suelo viequense. Palabras pronunciadas ante el Tribunal de Estados Unidos en Puerto Rico el 13 de julio de 2001.

A un hermano puertorriqueño que no dio descanso a su brazo ni reposo a su alma en su continua lucha por sacar al invasor de nuestra patria.

Filiberto está vivo. Filiberto representa luz y esperanza. Este proyecto da a conocer su pensamiento y su visión nacional.

Este proyecto surge a raíz de su asesinato, pero no por su asesinato. Los trabajos que aquí se incluyen son de anterior concepción. Surgen como un acto cotidiano en la vida de puertorriqueñas y puertorriqueños conscientes, de puertorriqueñas y puertorriqueños comprometidos. Aquí se presenta la entrevista que José Elías Torres le hizo a Filiberto para la segunda mitad de agosto de 2005. Se incluye la reseña que Carlos Rivera Lugo hiciera cuando los medios tradicionales de la Zona Metropolitana se hicieron sordos a lo que en la entrevista se planteaba. Estos trabajos fueron realizados en la segunda mitad de agosto de 2005, pero parten de esfuerzos previos. Para entonces, Filiberto estaba haciendo el trabajo consecuente requerido por su lucha revolucionaria. Quienes aquí aportan a este proyecto no son personas que reconocen a Filiberto luego de su asesinato, son personas que reconocen su trabajo político como el trabajo de un compañero consecuente, honesto y dedicado en una lucha cotidiana.

Luego del asesinato de Filiberto, José Elías nos cuenta lo que le ocurrió desde ese mismo día y lo que significó para él Filiberto. Carlos Rivera Lugo nos acerca al pensamiento revolucionario de Filiberto, explicándonos la propuesta política de Filiberto.

Filiberto fue entrevistado por varios periodistas durante sus años de clandestinaje. Seleccionaba a los periodistas con los que quería llevar a cabo las entrevistas. En la gran mayoría de los casos fueron periodistas íntegros, con un compromiso de decir la verdad e informar al pueblo. Por ejemplo, fue entrevistado en el clandestinaje por periodistas comprometidos con esos valores, como Daisy Sánchez, Jorge Rivera Nieves, Yolanda Vélez Arcelay, Nydia Bauzá, Rafael Lenín López y José Elías Torres.

El caso de Daisy Sánchez resultó ser uno muy particular ya que conduce a una batalla significativa, tanto para la lucha política del país como para los derechos de la libertad de prensa. El Buró Federal de Investigaciones acosó a la periodista infatigablemente y trató de doblegar su compromiso con la verdad y con su deber. Ella no cedió y ejerció una defensa de sus derechos, asumiendo una postura de verticalidad: estaba dispuesta a ir a la cárcel por defender sus principios. El FBI perdió la batalla. Este proceso fue uno de vicisitudes y angustias, pero también de fortaleza y exigencia de justicia, durante el cual la admiración de Filiberto por Daisy Sánchez creció y le hizo reafirmar su percepción de dignidad en ella como periodista, como puertorriqueña y como persona. Conoció de su valentía. Le reafirmó la entereza de los puertorriqueños.

Con un cuadro como éste, era difícil que otros periodistas estuvieran dispuestos a acometer el proyecto de otra entrevista con Filiberto. Pero, hubo periodistas que dijeron presente. Las entrevistas se realizaron. Todos con la confianza que emanaba de Filiberto y que ellos percibían y aquilataban.

José Elías Torres fue uno de esos periodistas. Entrevistó a Filiberto en dos ocasiones. La última entrevista fue en agosto de 2005, un mes antes de que el FBI asesinara a Filiberto. Esa entrevista fue difundida por la emisora radial WPAB 550 AM de Ponce, donde José Elías Torres es el director de programación y noticias. La prensa en general omitió difundir información sobre la entrevista. Solo el semanario Claridad y el El Diario La Prensa (de Nueva York) la reseñaron.

Los medios de comunicación evadieron hablar de la entrevista y del mensaje de Filiberto. Mensaje que cobra una importancia fundamental ya que en la misma se revela con claridad la situación puertorriqueña nacional y, particularmente, en el contexto internacional, especialmente en el marco de América Latina, con la participación tan importante de Cuba y de la República Bolivariana de Venezuela y sus respectivos presidentes, el Presidente Fidel Castro y el Presidente Hugo Chávez.

El asesinato de Filiberto conmovió y estremeció a la población puertorriqueña, de todos los sectores políticos, sociales y religiosos. Miles de personas asistieron a los actos finales de recordación y a su entierro. Quedó consignado el respeto y la confianza que Filiberto había sembrado en su pueblo. Compañeras y compañeros queridos, verdaderos hermanos de Filiberto, acudieron y ofrecieron su ánimo y esperanza en tiempo de tan intenso dolor. Compañeras y compañeros de todas partes de la isla acudieron a los actos para dejar constancia de su afecto y de su respeto. Algunas de esas personas lo conocían, otras no. Pero todas, sin excepción, querían darle su postrer saludo solidario. También unos pocos que nunca fueron hermanos de Filiberto se presentaron como tales y con ojos humedecidos se declaraban llorosos de su partida. En fin, los días de dolor eran interminables y difíciles, pero fueron amortiguados por el amplio despliegue de amor y de solidaridad, no solo de los puertorriqueños, los de la isla y los de Estados Unidos, sino también de los compañeros de países hermanos como Cuba, Venezuela, República Dominicana y muchos otros.

Este proyecto muestra a Filiberto como el revolucionario que fue y será siempre. Su verbo y su práctica constituían una simbiosis revolucionaria. Transparente, honesto y libre. Siempre fue un ser libre. Por ello, representaba una amenaza para el imperio; una amenaza moral dirigido a convertirse en una amenaza real para los Estados Unidos. Tal y como dice el Maestro Pedro Albizu Campos:

> "Nosotros no tenemos armas para echar a pique sus fuerzas navales pero tenemos el arma de echar a pique su prestigio en el mundo."

Desde todas las trincheras desde las cuales combatió, Filiberto denunció el crimen colonial contra Puerto Rico. Murió como vivió: de pie y combatiendo por la independencia de Puerto Rico. Que este proyecto pueda servir para dar a conocer su visión y pensamiento político con mayor detalle; que sirva para que puedan conocer en realidad a Filiberto...

> "A quienes un 24 de septiembre nos devolvieron un cadáver, que se preocupen ahora que no tienen cómo matarle..."
>
> Mikie Rivera en la segunda
Vigilia por la Dignidad
Filiberto Ojeda Ríos

José Elías Torres

INTRODUCCIÓN

La voz del independentismo

El 23 de septiembre del 2005, aproximadamente a las 5:30 p.m., cuando salía de WPAB –emisora en la que trabajo como Director de programación– y mientras conversaba con el gerente general de la estación, Alfonso Jiménez Luchetti, el compañero Rafy Vargas me da la noticia de que los federales tenían acorralado a Filiberto Ojeda Ríos en un campo de Hormigueros. Con sorpresa, e incrédulo, me fui a mi casa, pensando sólo si eso era posible... capturar a Filiberto Ojeda Ríos. Sobre todo, entendía que unos 15 años de clandestinaje habían dejado la suficiente experiencia como para evitar eso, es decir, entre más tiempo había pasado, más conocía Filiberto cómo evitar ese momento, aunque, a juzgar por nuestra última conversación, sabía que él presentía esa posibilidad. Luego recibo la llamada del profesor Carlos Rivera Lugo, colaborador consecuente con mi trabajo en WPAB 550, para salir hacia Hormigueros. Así lo hice. Nos encontramos en un pequeño centro comercial, llamado *Casa Blanca,* en Hormigueros, a eso de las 7:40 y, como todavía había acceso hacia Jagüita, llegamos en carro y luego caminamos unos minutos, que aproveché para describir lo que estaba viendo en ese momento al compañero Rafy Vargas en su programa. Así seguimos hasta llegar al perímetro establecido por los federales pero ejercido por una unidad de la policía de Puerto Rico, **SRT**, que en mi vida había visto o sabia que existiera... Ahí comenzó uno de los momentos de mayor impotencia que, no sólo yo, sino todos los que allí estábamos, hemos sentido...

Las armas del conquistador otra vez se imponían a los naturales de esta tierra. Una remembranza de lo vivido por los indígenas hace unos cinco siglos atrás. Un escuadrón de agentes especiales de la Policía de Puerto Rico, bajo esas siglas **SRT**, portando armas largas, haciéndole el perímetro al FBI, fueron el escudo inmediato que separó a un grupo de puertorriqueños genuinamente preocupados por Filiberto y su condición de salud ante una enorme gama de especulaciones que comenzaban a circular. Allí presencié el momento cuando la esposa del Dr. Héctor Pesquera, Rita (Puchita) Sueface en un acto de desobediencia civil, se interpuso a que llevaran un vehículo con alumbrado que había provisto el Municipio de Mayagüez y que los federales querían llevar a la escena. Ante la tensa situación surgida, el Dr. Pesquera le pide a un oficial de alto rango de la Policía estatal que, a nombre de la familia, le permitieran ver si Filiberto estaba herido para poder ofrecerle atención médica. También presencié la indignación de Farrique Pesquera cuando cuestionaba la cooperación de autoridades estatales y municipales con el operativo y el asombro e incredulidad de lo que estaba aconteciendo de Roy Brown y de los abogados Alberto Lozada, Julio Aldea y Raúl Mari, quienes, junto con el profesor Carlos Rivera Lugo, hacían gestiones para obtener información del jefe de los fiscales, Pedro Goyco Amador, sobre la posible intervención de su personal destacado en la zona judicial de Mayagüez en la escena partiendo de la información de que existiera un cadáver en la escena del operativo. En fin, habíamos cerca de 20 a 30 personas allí, mayormente independentistas que habían llegado de la celebración del Grito de Lares. El grupo no aumentó en número porque poco tiempo después la Policía de Puerto Rico creó otro perímetro de impedimento de entrada en la intersección de la Carretera PR 2, frente al pequeño centro comercial Casa Blanca. Mientras, circulaban continuamente los rumores sobre la condición de Filiberto. En un momento un oficial estatal, también de alto rango, pasó cerca de nosotros y sin dirigirse a nadie en particular comentó que Filiberto ya estaba muerto. Poco después me indica Alfonso Jiménez Luchetti desde WPAB, que tenía en línea telefónica al Lcdo. Juan Mari Brás, con quien conversamos en ese momento y nos informo que Filiberto había sido víctima de un francotirador. En fin, describo en pocas palabras uno de los momentos más angustiosos que he vivido. Estaba cerca y tan lejos de aquél que me había concedido el privilegio de entrevistarle y conocerle. Fueron cuatro horas eternas en ese barrio hormigughereño. Ahora bien, ¿cómo llego hasta ahí?. Es decir, ¿cómo ese asesinato me toca de cerca como ser humano, como profesional y como puertorriqueño? Vamos desde el principio...

En el año 1999, a raíz de la captura de Rosa de la Cruz, en Colombia, por el ELN (Ejército de Liberación Nacional), Filiberto Ojeda envía un comunicado en el que hace referencia a la entrevista que yo había tenido con ella un sábado en la tarde en WPAB 550. Ese comunicado, que llegó a la redacción de la emisora, como tantos otros en lo sucesivo, me demostraba que Filiberto sabía y escuchaba mi trabajo. Pero no es hasta el verano de 2002 que se produce la primera entrevista con el líder Machetero. En aquel momento habían pasado casi dos años luego de una última entrevista que había concedido al Canal 11, pero era la primera luego de la aprobación de la Ley Patriótica (Patriot

Act) que daba al gobierno federal unas herramientas de persecución política a raíz de los ataques del 11 de septiembre de 2001, que no existían en el 2000. Consciente de ese nuevo escenario, limitante al libre trabajo periodístico, acepté la invitación que él me hiciera a esos fines. La experiencia de estar frente a un símbolo de la lucha de Puerto Rico, la independencia del país, valor que aprendí a apreciar y a entender desde mi adolescencia gracias a mi Papá Edgardo y a mi hermano Edwin, era algo que me retaba para poder deslindar la emoción y el nerviosismo del momento con la responsabilidad periodística que acarreaba la ocasión. Pero, como si Filiberto conociera esto, su amabilidad y su sencilla forma de ser facilitaron el que por hora y media pudiéramos hablar para récord de temas de actualidad en aquel momento como: la lucha por la salida de la Marina de Vieques, la desobediencia civil como estrategia de lucha, la guerra de las banderas, el caso de Puerto Rico en la ONU, la actualidad de la lucha independentista, el obligado tema de la vigencia de la lucha armada, claro, ahora en el contexto de la Patriot Act. Todo esto como lo más sobresaliente de esa entrevista. Pero el diálogo posterior, explicándome la importancia del apoyo a los movimientos de base comunitaria es, a mi entender, ese primer contacto que propicia eventualmente me vuelva a encontrar en la segunda entrevista que entiendo es parte fundamental de su legado político con impresionante vigencia expresado en la segunda entrevista: Cómo llevar un proyecto político con éxito y atemperado a la realidad del Puerto Rico del siglo 21 luego de las experiencias de Vieques y el auge del éxito de organizaciones de base comunitaria. Recuerdo que me citó con detalles el ejemplo de Vietnam que para él era de mucha correspondencia con Puerto Rico, donde la victoria militar del Vietcong no surgió de los errores del Ejército de EE.UU., y la obsesión norteamericana contra el comunismo, sino de un trabajo de base comunitaria, de educación y enlace de esos sectores, otorgándole un rango de importancia en cada localidad o región para darle sentido de lucha por un mismo fin; derrotar al invasor de su tierra. Este factor que maduró en la guerra con los EE.UU., venía de un trasfondo de la lucha previa contra los franceses. Era la explicación de lo que es una lucha revolucionaria genuina. Interesantemente, Filiberto no puntualizó la estrategia armada como ingrediente principal de esa lucha. La estrategia armada era, como me había dicho al record, "la retaguardia revolucionaria".

Luego de esa ocasión, seguí recibiendo, ahora con más regularidad, sus comunicados sobre diferentes temas. Esto debido a una sugerencia que le realicé en aquel primer encuentro de que escogiera temas nacionales e internacionales, los que él entendiera importantes y me enviara un comunicado, preferiblemente grabado en su voz, para difundirlo en la programación de WPAB. La idea le llamó mucho la atención por lo que me pidió una descripción de cómo realizarlo. La idea era insertarlo en ese excelente grupo de colaboradores que, formal e informalmente, aportan al análisis que distingue a WPAB y utilizar su comentario como pie forzado para tratar esos temas. Y así lo hizo. Gracias a eso, y lo expreso en plural, tuvimos la oportunidad de conocer más del pensamiento de Filiberto Ojeda en múltiples dimensiones de la política nacional e internacional. Sé que fue una idea que lo liberaba cada vez que lo hacía. Llego a esa conclusión porque recuerdo su gesto de entusiasmo cuando se lo expliqué. Era esa necesidad natural de un líder de decirle a su país, "estoy presente, aun cuando no me vean por mi decisión de luchar por ustedes día a día, resistiendo por la más noble y justa causa por la cual se lucha en una sociedad: su libertad."

Su proyecto

Desde aquel momento y a lo largo de esos años hasta el 2005, siempre me pareció que Filiberto veía su lucha o instaba a eso, de una manera más cívica, organizativa, que armada o violenta como tal. Por ejemplo, recuerdo el destaque que siempre daba a la revolución bolivariana encabezada por el presidente venezolano Hugo Rafael Chávez. Este caso en particular lo vine a entender en la última entrevista donde planteaba no sólo a Venezuela como modelo de lucha sino como un aliado natural de la independencia de Puerto Rico en el presente. Era el destaque de cómo la revolución bolivariana era y es un vehículo de viabilidad socio-económica para la independencia de Puerto Rico. En un documento que me había enviado previo a la entrevista y que CLARIDAD publicó posterior a su asesinato, titulado *Puerto Rico, las Antillas, nuestra América toda,* Filiberto hace una relación de hechos y figuras desde Simón Bolívar, siguiendo con el General Antonio Valero hasta Corretjer y el rol del Ejército Popular Boricua, los Macheteros. Es importante destacar que ese documento, terminado de redactar el 5 de julio de 2005, define con precisión y actualidad el rol de su organización en el presente, además de que también exhortaba a ver el modelo revolucionario bolivariano para Latinoamérica a través del ALBA (Alternativa Bolivariana para las Américas), un importante paso de integración y enlace con la realidad política y económica que nos rodea. Filiberto traia este tema desde el mensaje que enviara el 8 de abril en la conmemoración del natalicio de Ramón Emeterio Betances en el que manifestaba "*tu bandera jamás caerá, como Albizu no la dejó caer, como Corretjer no la dejó caer. Tú señalabas, con gran sabiduría, el camino bolivariano con tu prédica de unión de nuestro destino al de nuestros hermanos caribeños. Esos sueños, hoy más que nunca se van haciendo realidad en nuestra América, patria grande para todos los latinoamericanos y por ende para los puertorriqueños".*

Ciertamente, Filiberto estaba claro en que el auge de los movimientos de izquierda en América Latina era un momento coyuntural para enlazar la lucha puertorriqueña con los triunfos y eventuales alianzas con esos gobiernos electos democráticamente. Este tema de los enlaces es crucial en el pensamiento político de Filiberto Ojeda. Es tomar todos esos factores locales, regionales, nacionales e internacionales y darles sentido para que juntos en el análisis provean las herramientas para lograr a corto plazo la independencia puertorriqueña. A mi entender, ese pensamiento de los enlaces es, dentro de su pensamiento político, uno de sus mayores legados. Es ver cada hecho, desde las luchas más pequeñas de las comunidades que quizás sean atendidas mediáticamente por la emisora de radio local o el periódico regional, hasta las de mayor envergadura a nivel nacional e internacional. Son esos esfuerzos donde el cooperativismo y los proyectos de autogestión comunitaria, como lo impulsado por Filiberto y otros líderes a finales de los 80, conocido como el Frente Popular para la Salvación Nacional, donde se plasman los cimientos de la independencia, practicando ese rompimiento con uno de los más devastadores legados de la vida colonial puertorriqueña: la dependencia económica gubernamental. Luego de la primera entrevista, Filiberto me hizo llegar una copia del documento sobre la concepción del Frente Popular y sus objetivos, que fue acordado en Ciales el 14 de julio de 1990 y enmendado el 7 de marzo de 1991. La misma traza los lineamientos de la estrategia de lucha cívica, partiendo, en primera instancia, de una descripción de la *realidad nacional: el momento histórico actual* en el que se plasman los motivos de esa iniciativa grupal. Parte de ese diagnóstico explicaba "*este esfuerzo del puertorriqueño para transformar la realidad inmediata que nos oprime y nos roba nuestro valor esencial como ser humano, el valor de la libertad y de poder controlar las fuerzas sociales y económicas que nos definen, es un esfuerzo local que en la mayoría de los casos se desarrolla de manera aislada. Los propios mecanismos de comunicación del sistema hacen que ese aislamiento se mantenga. Por otro lado, los partidos políticos que comparten el poder administrativo ignoran o desarticulan esas luchas a los fines de proteger los intereses económicos a quienes realmente sirven. Finalmente, las propias organizaciones representativas de los sectores populares han carecido de la capacidad organizativa para darle cuerpo coherente a esos procesos de luchas populares a los fines de canalizar la convergencia de todos esos esfuerzos en una lucha unitaria y combativa*". Luego el documento describe la meta de este esfuerzo: "*el frente aspira a lograr la acción conjunta de organizaciones de carácter progresista y de intereses sociales múltiples en un proceso de democracia participativa... El frente se proyecta como una práctica de comportamiento cívico liberador, al trabajar por creación de las condiciones que posibiliten la participación de todos los sectores*". Y luego se definen los principios que sostienen el frente como concepto y como proceso:

1. Poder para el pueblo
2. Democracia interna
3. Autonomía de las organizaciones
4. Políticas de carácter nacional
5. Unidad en lo que nos une
6. La continuidad del trabajo

Este esfuerzo en producir este documento del FRENTE POPULAR PARA LA SALVACION NACIONAL, en el que Filiberto trabajó afanosamente, toma sentido más que nunca cuando aisladamente se buscan estrategias por distintos grupos independentistas para lograr coherencia en la lucha e ilustra un desarrollado concepto para ser utilizado actualmente a tono con el momento que vivimos y al cual él trataba de promover con su visión de la lucha al momento de su asesinato.

El interés de Filiberto en hilvanar una estrategia unitaria de lucha independentista era, a mi juicio, ya desesperante para él, al punto de que en la última entrevista trajo varios ejemplos de lo que él haría si estuviera con la "libertad" que tienen otros líderes. De hecho, analistas del pensamiento político de Filiberto Ojeda coinciden que se había producido un cambio notable en las estrategias de lucha que una vez lo catapultaron a él como líder Machetero, proclamando el uso de la lucha armada táctica para impulsar la libertad nacional. Pienso que esa percepción obedecía a una característica de él que raras veces se encuentra en el liderato político puertorriqueño y era la capacidad de entender a su pueblo y, basado en tal apreciación, proveer los espacios y estrategias que faciliten la consecución del fin del coloniaje. Ahora puedo decir que no es la clásica imposición de una estrategia para que el pueblo la siga. Era la interpretación de Filiberto de nuestra realidad colectiva que le ayudo a tender las pistas del camino a seguir. A mi entender, la lucha armada seguía teniendo prioridad en la mente de Filiberto. Pero la experiencia de la lucha por la salida de la Marina de los EE.UU. en Vieques había colocado en la retaguardia ese derecho de los pueblos en el uso de las armas para obtener y defender su soberanía, por el hecho de otorgar el apoyo necesario a la estrategia que de momento el pueblo abrazaba. Una retaguardia que serviría de garantía a la vía seleccionada para asegurar a ese pueblo que los excesos del invasor repeliendo la desobediencia civil serían reivindicados. No era la renuncia al uso de la fuerza: era la posposición de ese derecho. Filiberto así lo entendía y lo atendía. Curiosamente, creo que él ha sido el único líder contemporáneo que con claro entendimiento discernió eso y empezó a impulsarlo. Vieques dejó muchas lecciones, pero al pasar el tiempo se han ido olvidando los valores que ella nos dejó. Pero Puerto Rico tenía un Filiberto Ojeda que desde su diaria lucha por todos nosotros en el clandestinaje nos ilustró el camino hacia ese fin. Sin duda, uno de sus principales legados fue su preocupación porque el país entendiera el uso apropiado de las estrategias de lucha en el momento histórico que las requiera, según me consta por la última entrevista en agosto del 2005.

Desde finales del 2004, Filiberto se mostró interesado en realizar la entrevista que eventualmente se dio en agosto del 2005. Por motivos de seguridad suyos, aplazó en varias ocasiones el encuentro. Creo que tenía dos motivos principales para realizarla: primero, hablar sobre la necesidad de establecer los enlaces históricos al país. Segundo, este trabajo que usted, estimado lector, tiene frente a sí. Este hecho nos brinda varias interpretaciones de las prioridades de Filiberto, como también su cruel asesinato.

Su urgencia

A raíz del proceso electoral del 2004, Filiberto comienza a gestionar un momento para dialogar sobre la situación que vive el país. Decía, en una misiva enviada a este servidor: "*no crea, ni por un minuto, que no he estado atento y pendiente a buscar la forma mediante la cual podríamos tener una larga conversación, particularmente en estos momentos de tanta agitación y confusión, numerosas actividades han pasado: el 23 de septiembre, las elecciones en varias naciones de nuestra América, elecciones en Estados Unidos y sobre todo, las elecciones en nuestra vilipendiada patria*". Decía además sobre lo ocurrido el día 2 de noviembre: "*El proceso electoral en nuestro país ha sido muy convulso y ha afectado a la totalidad de nuestra población, produciendo un sismo ideológico, divisionista, de agresiones entre hermanos y de insultos muy generalizados y sin razón de ser. Todos nuestros problemas tienen una explicación lógica y un causante real que tiene a su vez diversos mecanismos para la canalización de la manzana de la discordia. Lo más doloroso consiste en todas aquellas expresiones sectarias, insultantes, ofensivas y agresiones verbales que emanan de las filas de los dirigentes independentistas más destacados y que en realidad están muy lejanos de representar las aspiraciones de nuestro pueblo en general y de los independentistas en particular*". Esta preocupación de Filiberto, a pocos días de las elecciones, sobre el rumbo del país luego de lo ocurrido en esa cita electoral, generó un interés más acelerado en hablar públicamente y poner en perspectiva el rumbo puertorriqueño a partir de ese momento. Me decía en esa misma comunicación "*es a los efectos de expresarle a usted y a nuestro pueblo nuestro entendimiento de esta triste realidad puertorriqueña, que quisiera sostener una larga conversación con usted*". Como una criatura en gestación, nueve meses después se concretó ese diálogo de 2 horas que WPAB 550 llevó al país el 22 de agosto de 2005.

El acecho

Ya desde principios del año 2003, Filiberto comienza a denunciar la cacería federal contra él, luego de la salida de Marlene Hunter como agente especial a cargo del FBI en Puerto Rico. En un comunicado de prensa difundido con fecha del 5 de febrero, Ojeda Ríos plantea lo siguiente al país: "*Desde hace varios días, el Buró Federal de Investigaciones de Estados Unidos (FBI) ha desatado una intensa campaña represiva apuntando contra aquellos puertorriqueños que hemos luchado por nuestra libertad patria, por nuestra independencia y por la justicia social, utilizando todos aquellos medios a nuestro alcance, sin que en momento alguno el terrorismo se convierta en nuestro modo de acción. Hemos actuado siempre cumpliendo las normas internacionales establecidas cuando de una lucha anticolonial y libertadora se trata.... Pretenden ahora convertir a nuestro pueblo en un pueblo de chotas por dinero. Pero en nuestro país todo el mundo sabe que un chota por dinero es nada menos que un traidor y el precio de la traición a la patria todos lo saben. Los Macheteros, sin lugar a dudas, contamos con el apoyo y ayuda de nuestro pueblo más consciente sin que medie un solo centavo. Ellos en su aislamiento, se ven obligados a pagar por la traición del que vende su consciencia. Nosotros, por el contrario, somos receptores de todo tipo de ayuda y todo por lo que es la comunión de conciencia patriótica. Para finalizar, le digo a mi pueblo, ese pueblo que ha sido la razón de mi existencia, que los Macheteros son ya indestructibles. Son parte de la vida boricua. Aun si ellos lograran asesinarme, los Macheteros continuarán hasta que nuestra patria sea libre y después*". Al año siguiente y con motivo de la situación surgida en el recinto universitario de Mayagüez, donde un grupo de estudiantes había comenzado una serie de manifestaciones contra la presencia del ROTC en el Colegio. Filiberto vuelve a denunciar las prácticas represivas del FBI. En comunicado de prensa con fecha del 19 de febrero de 2004, Ojeda expresa su apoyo a las acciones de los estudiantes: "*...esa admirable conducta no es tolerada por las fuerzas reaccionarias que se oponen a todo lo que tenga un asomo de antimilitarismo, lo cual es identificado como sinónimo de antiamericanismo. La miopía e insensibilidad de estos individuos los ha conducido por el camino de la provocación, y, peor aún, los ha convertido en tontos útiles del gobierno de Estados Unidos, que los usa como les da la gana para mantenerse en nuestra patria como amos y señores. Los acontecimientos de las últimas semanas demuestran cómo el FBI y sus aliados más reaccionarios han revivido aquellos funestos días de Cointelpro, en los cuales se orquestó una campaña para poner a puertorriqueños contra puertorriqueños, desde las propias oficinas del FBI en Puerto Rico. Eso cobra mucha más vigencia cuando el nuevo agente especial a cargo del FBI es un "experto" en lo que a reprimir luchas libertarias de los puertorriqueños respecta. Este individuo, cuya experiencia con el FBI ha sido desarrollada en la ciudad de Chicago, particularmente para reprimir a nuestro pueblo luchador, es el conspirador por excelencia para instrumentar los nuevos planes de Cointelpro en nuestra patria*".

A finales del 2004 comienza el interés de Filiberto por realizar la entrevista. Pero comenzando el año 2005, Filiberto tiene que empezar a aplazar el encuentro para el diálogo debido a la intensificación de su búsqueda por el FBI a su persona. La expectativa de poder realizar la entrevista parece crearle ansiedad cuando me notifica que "*desde hace algunas semanas hemos estado haciendo todo lo posible por llevar a cabo la entrevista que, a nuestro juicio, está un tanto atrasada. Puede usted tener la seguridad de que el atraso no ha sido por razones sin fundamento. Tenemos alguna información en el sentido de que el nuevo director del Buró Federal de Investigaciones en Puerto Rico tiene órdenes de concentrar en lo que es su búsqueda para conocer mi paradero. Igualmente han recibido confidencias que los han llevado a realizar operativos en diversas zonas del país. Eso nos obliga a ser mucho más cautelosos, pero no por ello permitiremos el ser aislados, que es lo que ellos en parte se proponen en sus nuevos planes*".

Al mes próximo, en febrero, vuelve Filiberto a expresarme la necesidad de hacer la entrevista, ahora añadiendo las expresiones que hiciera el Lcdo. Juan Mari Brás sobre el tema de la asamblea constitucional de status y su objeción al planteamiento de Filiberto de que dicha asamblea debía ser para buscar la independencia únicamente. Pero una vez más el acecho le cambia los planes pero ahora brinda más detalles sobre la campaña que el FBI realizaba para capturarlo. "*Hemos recibido informes en el sentido de que existe una movilización mayor en proceso. Eso incluye el uso de aviones y otros medios para su labor fascista y reaccionaria*". Como genuino luchador de su causa, Filiberto insistió en realizar la entrevista a pesar de los movimientos que hacían sus eventuales asesinos. "*El tiempo va pasando y los acontecimientos desarrollándose a paso agigantado. Por tal razón la entrevista está a la orden del día*". Como si un presentimiento lo llevara a realizar ese último encuentro, Filiberto finalmente me permitió realizar esa entrevista en agosto, que los lectores podrán apreciar íntegramente en este libro.

Los encuentros

Como había expresado anteriormente, la primera entrevista se produjo en junio del 2002 con el nuevo estatuto represivo federal conocido como la Ley Patriótica (Patriot Act). Esa variable ponía bastante presión sobre mí en calidad de periodista, como también sobre el medio para el que trabajo, WPAB. Pero consciente de esos nuevos ingredientes, decidimos hacer la entrevista. En el camino hacia la entrevista, alguien puso en el CD la canción ***H.F.*** del cantautor Mikie Rivera. Era la primera vez que la escuchaba y me encantó, máxime cuando iba al encuentro con la persona que inspiró a Mikie esa composición musical. Pensaba en la letra de esa canción, luego de la entrevista, dándole cuerpo a la canción. Admito que de ahí en adelante esa composición musical siempre se convierte en reflexión para mí sobre lo que una persona en pleno siglo XXI está dispuesta a hacer por su país, por su ideal, en momentos donde el materialismo y el afán por los bienes se han convertido en prioridad para esta sociedad.

El encuentro fue bien cordial, un abrazo como saludo, dejándome saber ahí que estuviera en confianza. Hablamos un momento sobre varios temas de actualidad y le adelanté parte del temario de la entrevista. Él estuvo de acuerdo y me expresó que me sintiera en libertad de preguntar lo que quisiera. Y así fue. La verdad del caso es que mientras entrevistaba a Filiberto, no había nada en mi mente sobre los riesgos que acarreaba la nueva "lucha" contra el terrorismo. El estar haciendo un trabajo periodístico en el clandestinaje con un gigante de la lucha por la soberanía nuestra era más impresionante que cualquier medida represiva que pudiera conllevar ese trabajo. Fue un encuentro donde siempre se preocupó porque yo estuviera bien, si quería tomar o comer algo, la amabilidad para que me sintiera en confianza de preguntar lo que quisiera en hora y media que duró la entrevista. Cuando terminamos hablamos un poco más del significado de la lucha de Vieques y el porqué de la posición de su organización respecto a la estrategia de lucha allí. Al final, un obsequio: un libro de Isabel Gutiérrez del Arroyo, *Pedro Albizu Campos o la agonía moral: el mensaje ético de Pedro Albizu Campos*. Me escribió Filiberto en ese obsequio "*nada mejor que los ejemplos de Albizu para estimular el compromiso con la patria en su lucha*".

En el segundo encuentro, fue mucho más difícil, dadas las circunstancias: más presión de tiempo de él, pero igual de cómodo volver a dialogar luego de 3 años. Dicho encuentro fue más efusivo que el anterior y el deseo de hablar sobre los temas de actualidad era evidente. En esa ocasión encontré un Filiberto más enfático, con una preocupación mayor por hablarle al país sobre su visión de las causas de la crisis de la colonia y la solución a ese momento que vivía el país. El diálogo fue más extenso que el primero, de unas 2 horas de duración. No obstante, notaba algo que a través de sus comunicaciones me dejaba entrever y era su interés, su ansiedad, por llevarle al país una guía orientadora actualizada sobre cómo enlazar los acontecimientos nacionales e internacionales para consolidar los esfuerzos hacia el fin del coloniaje. Los oyentes de WPAB 550 tuvieron la oportunidad de escuchar en aquel momento la voz que argumentaba en esos términos. Yo les puedo decir que la expresión facial y sus gestos denotaban mayor fuerza, recalcando en cada punto de su argumentación. Diría que un apasionante Filiberto deseaba explicar las vías a seguir hacia el fin del coloniaje. Una argumentación práctica de lo que es identificar las prioridades de la lucha por la soberanía en momentos en que los hechos marcan la necesidad de buscar la independencia, más que como un fin de lucha heredado de los gigantes de la patria, como la opción más recomendable para el Puerto Rico del siglo XXI .Luego conversamos sobre la importancia de los logros de la Revolución Bolivariana para la lucha independentista y de su deseo en tratar su visión política en un libro. Para esa ocasión yo tenía una idea de las personas que estarían participando en el ya esperado panel de reacción a la entrevista de Filiberto. En la primera ocasión participaron Juan Mari Brás, Julio Muriente y Noel Colon Martínez. Para esta segunda entrevista le había comentado a Filiberto sobre la composición del panel y éste estaba muy conforme con el mismo e inclusive me indicó si podía conseguir a un estadista para la reacción. Aunque al principio me sorprendió su iniciativa de buscar un anexionista para que opinara sobre sus palabras, al pasar el tiempo me doy cuenta que era ese deseo unificador puertorriqueño tan necesario en la actualidad el que lo movió a hacerme tal propuesta. Finalmente participaron en el panel de reacción de esa segunda entrevista en agosto del 2005 los profesores Carlos Rivera Lugo, Jesús Delgado Burgos, el líder autonomista Néstor Duprey Salgado, los licenciados Luis Varela Ortiz y José Enrique Ayoroa Santaliz, y por supuesto, el denominador común de ambas ocasiones, el presidente de WPAB 550, Alfonso “Tuto” Jiménez. Al igual que en la primera ocasión, me obsequió un libro, en este caso, de la historiadora Raquel Rosario Rivera, *María de las Mercedes Barbudo: primera mujer independentista de Puerto Rico 1773-1849.* Me decía Filiberto en este libro: *“Aquí tienes evidencia de la primera mujer puertorriqueña, bolivariana en su corazón; quizá la madre del clandestinaje en lo que fue su revolucionaria vida”.* De regreso a casa, fijé mi pensamiento en el sacrificio diario de Filiberto Ojeda por la causa independentista. Una persona aislándose de su familia, sus hijos, nietos, amistades de muchos años, cohibiéndose de formular directamente sus planteamientos con el resto del liderato independentista, viviendo permanentemente aislado, junto a su compañera, en algún lugar o varios lugares de este país, la renuncia voluntaria a disfrutar de las comodidades y sobre todo, la poca comprensión que en ese momento tenía el país sobre la lucha que él libraba por la dignidad puertorriqueña. Admito que eso me trabajó mucho en la mente y aun en el análisis me seguía corriendo eso en el pensamiento: la incomprensión de su lucha. Luego de esa entrevista y el respectivo análisis que hiciera la emisora, Filiberto expresó su agradecimiento al trabajo realizado, de la siguiente manera: "*Siempre he dicho que la verdad honra: la mentira deshonra, y no me cabe duda de que WPAB es honra porque difunde la verdad y denuncia la mentira. Eso requiere una gran valentía; quizás tanto como la de aquellos valientes patriotas que participaron en el acto revolucionario de Base Muñiz. Creo que el panel fue excelente en sus análisis, no por los ensalzamientos, sino por lo que considero sentimientos de compromiso con la honestidad individual al exponer sus ideas... Nada me sería más deseable que poder algún día tener la oportunidad de estar frente a frente y discutir, como puertorriqueños que amamos esta patria, nuestras concepciones ideológicas como lo pueden científicos que tienen la obligación de buscar la verdad exponiendo sus ideas y tesis científicas en torno a un reto de esa disciplina. Sólo así, además de su confrontación práctica con la realidad, la verdad se hace evidente. He aprendido mucho de todo este proceso, al igual que de sus exposiciones*"

El rechazo de los medios

Uno de los temas que Filiberto tenía muy presente como un obstáculo a la lucha contra el coloniaje en Puerto Rico eran los medios de comunicación y lo que hemos llamado en nuestro análisis de WPAB 550 "la prensa corporativa". A raíz del inicio de la guerra de Estados Unidos en Irak, Filiberto circula un comunicado en el que hace referencia al problema de los controles mediáticos en Puerto Rico y fuera de nuestro país. También hace una distinción de medios alternativos, tanto electrónicos como escritos, que operan aquí. "*La mentira, la demagogia, el engaño, constituyen las técnicas que , haciendo uso de mecanismos ideológicos mesiánicos religiosamente fundamentalistas que son parte integral de su sistema de vida, desvirtúan la verdad llevando al pueblo a opiniones y análisis hechos a la medida. Expresando pensamientos que ni ellos mismos creen, convierten las mentiras en "verdades universales", masifican sus proyecciones ideológicas mediante la utilización de monopolios mediáticos propagandistas de masas, cuyos directores son graduados con honores de las universidades nazis hitlerianas, cuyo rector era Goebbels. Medios de prensa auto proyectados como "objetivos" como CNN, BBC, The New York Times, The Washington Post, Time, Newsweek, etc., forman parte de todo un andamiaje destinado no a orientar y a presentar los hechos tal y como son, sino para condicionar a los pueblos recipientes de sus "reportajes". Son recursos naturales del sistema capitalista y, como es de esperarse, todo su trabajo se lleva a cabo para consolidar y afianzar sus intereses. ¡Y nadie dude que medios de comunicación tales como El Nuevo Día, El Vocero, Primera Hora, etc., son parte de ese andamiaje de manipulación y controladores de la opinión pública! Las televisoras que funcionan en nuestro país, que son todas propiedad extranjera y controladas por las mafias que operan en Miami, forman parte destacada de esa red de engaño y de mentiras. Para honra nuestra, muchos periodistas puertorriqueños no se prestan para esas patrañas y saben de qué se trata todo eso. Entre estos, hay algunas emisoras radiales, de propiedad puertorriqueña: en Ponce (WPAB) y en algunos otros pueblos, que sí tienen dignidad y saben guardar una relación honesta de lo que son los hechos que afectan al mundo. El pueblo de Puerto Rico se puede felicitar por ello. Igualmente, existe un periódico que es incapaz de publicar mentiras. Es un semanario que en nuestro país esta dedicado a defender los intereses de todo nuestro pueblo (Claridad)".* Esta expresión de Filiberto resume lo que al fin es uno de los escollos que enfrenta la lucha contra el coloniaje y el inmovilismo en Puerto Rico. Como cuestión de hecho, Ojeda Ríos mismo también fue víctima de esto en sus últimos cuatro años, en momentos en que fue adaptando su discurso político sobre la estrategia política a la intención del pueblo en lucha.

En un escrito redactado por el ex presidente de la Federación de Maestros de Puerto Rico, profesor Jesús Delgado Burgos, al día siguiente del asesinato de Filiberto Ojeda Ríos y que circuló en la red y más adelante publicado en CLARIDAD, titulado *Mataron al hombre, pero tenemos al héroe, al mártir y al ejemplo,* éste plantea el problema del rechazo de la cobertura mediática nacional a las expresiones públicas del líder machetero un mes antes de su asesinato: *"El 23 de agosto escuchamos por WPAB Ponce la primera parte de una extraordinaria entrevista concedida por Filiberto Ojeda Ríos desde algún lugar de la patria al periodista José Elías Torres. Salvo la edición de CLARIDAD del 1 al 7 de septiembre del 2005, donde se publicó la reseña del compañero Carlos Rivera Lugo "Cuando la trompeta suena...*

Es porque sueños trae", el resto de la prensa del país hizo mutis ante aquella histórica entrevista. Hoy, esa misma prensa hubiese deseado una foto con el rostro congelado por la muerte o tal vez la muestra del dolor y el cuerpo ensangrentado. Aquella es una entrevista que debería transcribirse y difundirse entre amplios sectores del independentismo puertorriqueño y de nuestro pueblo porque ella es una profunda reflexión sobre la situación de crisis por la que atraviesa el pueblo puertorriqueño y el rol que deberían estar desempeñando las fuerzas revolucionarias y progresistas del país tanto ante la crisis como ante la urgencia de construir un proyecto de trabajo educativo, organizativo y de lucha encaminado a la liberación nacional de Puerto Rico". Cito al profesor Delgado Burgos porque resume el sentir de muchos comentarios que días posteriores a la difusión de la entrevista me hicieron llegar y que también destacara magistralmente en su programa nocturno *De izquierda a derecha* del viernes siguiente a la entrevista el compañero Rafy Vargas. Sólo el periodista de la agencia española de noticias Efe en la zona sur, Ricardo Cortés Chico fue quien publicó una nota sobre la entrevista (ver nota 23 de agosto 2005 - Ponce Efe) que recogió el corresponsal en Puerto Rico de e*l Diario La Prensa de Nueva York*, el periodista Jesús Dávila (ver nota viernes 26 de agosto 2005 *Diario La Prensa*). Cabe mencionar que en la edición del viernes 26 de agosto ese periódico circuló la noticia en la portada de su edición. Acá en Puerto Rico los medios electrónicos y escritos rehusaron tratar el tema aun cuando la nota periodística de Ricardo Cortés Chico estaba accesible a ellos. También ocurrió lo mismo en la entrevista del 2002, salvo la honrosa excepción de CLARIDAD que transcribió la entrevista en tres ediciones consecutivas. Ahora, estimado lector, usted se preguntará cómo se justifica que la figura central de la noticia más importante del 2005 haya sido deliberadamente rechazada unos meses antes. Debo detenerme un momento a explicar qué sucede con esto, porque no sólo se limita al caso de Filiberto Ojeda y su deliberado rechazo a difundir sus ideas sobre Puerto Rico. En el análisis que realizamos en WPAB singularizamos el trabajo periodístico corporativo del de la prensa y medios alternativos. La prensa corporativa responde a los múltiples intereses de la empresa matriz y su trabajo gira sobre esos negocios paralelos o de mantenimiento de las ganancias de su negocio. No me cabe duda que los jefes de mesa o noticias del resto de los medios en el país actuaron basado en ese interés corporativo o en su defecto no sabían de la relevancia de Filiberto Ojeda Ríos y lo descubrieron la tarde del 23 de septiembre de este año. Esto al margen del pensamiento de protagonismo habitual de los medios o por tratarse de un trabajo realizado por una estación radial ponceña, que a pesar de este rechazo en Puerto Rico, un medio escrito de la ciudad de Nueva York entendió su importancia colocándolo en la primera plana de los millones de periódicos que a diario circula.

Puerto Rico, al igual que el resto del planeta, sufre del mismo mal mediático del presente. Una población que conoce la verdad de los hechos y conoce las dos caras de la moneda a través de medios alternativos y no a través de la prensa corporativa que, como siempre, responde a sus múltiples intereses pecuniarios. Aquí, el trato al tema de Filiberto Ojeda, sus expresiones y su asesinato ilustran un patrón que se da a otros niveles. Tome usted la prioridad de estos mismos medios en los asuntos banales, irrelevantes a la realidad puertorriqueña, entreteniendo a la población para que no enfrente y enfoque su condición como pueblo colonizado. No pensemos en los periodistas que cubren los eventos, los responsables están en las oficinas, en aquellos que deciden sin ir a la calle, para determinar qué debe saber el país o no. Exhorto a usted, estimado lector, a reflexionar sobre este legado que la prensa corporativa le está dejando al Puerto Rico del presente con preocupantes consecuencias en el futuro.

La lucha armada: vigencia y posposición

Este tema ha sido motivo de discusión en distintos sectores del independentismo, sobre todo luego del asesinato de Filiberto. El planteamiento base es, ¿por qué pospuso pero no abandonó la lucha armada en sus últimos años? Cual era el pensamiento de Ojeda Ríos sobre la lucha estratégica por la independencia? ¿Llegó a considerar la intención de la vía cívica sobre la armada? No pretendo llegar a una conclusión, pero intereso abrir el tema al lector sobre esta interrogante, exponiendo una serie de hechos escritos por el mismo Filiberto que comprenden el periodo del 2000 hasta su muerte.

Con motivo del desalojo de los desobedientes civiles de los campamentos ubicados en la zona de tiro en Vieques en mayo del 2000, una persona que se identificó como integrante de los Macheteros advirtió que de llevarse a cabo los desalojos violentamente por parte de los federales, los Macheteros habrían de responder violentamente como un acto de represalia. A esta manifestación difundida por radio, Filiberto Ojeda reaccionó inmediatamente en un comunicado de prensa explicando lo siguiente: *"Consideramos que este falso miembro del Ejercito Popular Boricua –Macheteros, sea donde sea, debe identificar su procedencia real. De lo contrario, no podemos llegar a otra conclusión como no sea que se trata de un provocador al servicio de la Marina de Guerra de los Estados Unidos y de la Policía de*

Puerto Rico. Sus expresiones en nada representan nuestra política o nuestra intención". De inmediato, Filiberto procedió a hacer público cuál era el curso de acción de los Macheteros ante el escenario histórico que representaba la lucha viequense: *"Hemos dicho y ahora repetimos, que no habremos de hacer nada que pueda convertirse en elemento detrimental a lo que nuestro pueblo ha escogido como metodología de lucha* ***en esta etapa,*** *para hacer frente a este abuso del gobierno de los Estados Unidos y de su Marina de Guerra, que es la que dicta la política a ser ejecutada en contra de nuestro pueblo. La concepción de* ***desobediencia civil*** *es la que nuestro pueblo apoya* ***en estos momentos*** *y no seremos nosotros los que nos coloquemos al margen de esta preferencia, salvo que la misma haya sido irreversiblemente reprimida, en la práctica. Ese es nuestro deber como revolucionarios serios y responsables en este proceso histórico... Estamos seguros de que la libertad de nuestra patria necesita del esfuerzo patriótico de los Macheteros, en el marco de nuestras convicciones políticas, pero no actuamos al margen de nuestra realidad.* ***La desobediencia civil, que nuestro pueblo ha escogido para la defensa de nuestros intereses en este momento histórico, al igual que la participación del liderato profundamente responsable que han asumido los diferentes sectores, como el religioso, cívico, ambiental, organizaciones independentistas en general y otros, junto al pueblo viequense, tienen y tendrán nuestro apoyo mientras las concepciones que promulgan rindan beneficios positivos...*** *Los Macheteros amamos y marchamos hombro con hombro con nuestro pueblo. No actuaremos de manera aventurera u orientada por intereses como no sean aquellos que promulgan la libertad, los derechos humanos y la independencia de nuestra patria".* En la entrevista que tuviera con él en el 2002, éste reiteró el rol de su organización como una de "retaguardia revolucionaria" a la desobediencia civil. Dos aspectos en este episodio, primero alejarse de aquello que representara una acción de violencia en ese momento y segundo, reiterar su respaldo al pueblo en la acción cívica.

En la madrugada del 3 de septiembre del 2000, un grupo de jóvenes entró a los terrenos de las torres de la Telefónica en el Cerro Maravilla. Se trataba, según la información publicada en la prensa, de tres menores y cuatro jóvenes adultos quienes se identificaron como miembros de los Macheteros. Al día siguiente, Filiberto rechazó la relación de estos hechos con su organización. "*Por este medio queremos dejar perfectamente claro para nuestro pueblo que estos jóvenes no forman parte, no responden a nuestra organización. Podemos comprender cómo nuestra juventud intenta canalizar su rebeldía ante toda la injusticia y abusos que emana de un sistema tan identificado con la corrupción, que escasamente les ofrece oportunidades. Ante tal situación, hacemos un llamado a los jóvenes puertorriqueños a no tomar iniciativas que puedan confundir a nuestro pueblo. La juventud tiene las puertas abiertas para formar parte de los Macheteros, pero es imperativo que den curso a los llamados que habremos de hacerles. Así, los Macheteros cumplimos con la obligación de proteger a nuestra juventud, evitando actos que no son apropiados y que no cumplen con los objetivos políticos que nuestra organización va desarrollando. La mejor forma para que nuestros jóvenes, en este preciso momento, canalicen su ímpetu y fervor patriótico, es apoyando la lucha que nuestro pueblo ha ido organizando a favor de la expulsión de la Marina de Guerra yanqui, no sólo de Vieques, sino de todo Puerto Rico. Esa conducta los conducirá por el camino del pueblo unido y por ende, de los Macheteros*". En esta ocasión, como se puede apreciar, la acción violenta no tiene respaldo porque contraviene a la estrategia política.

A la salida de la Marina de Guerra en Vieques, el 1ro de mayo del 2003, se produjeron unos incidentes que el Superintendente de la Policía de entonces, Víctor Rivera González, declaró como actos de terrorismo por parte de organizaciones clandestinas. Filiberto nuevamente sale en defensa de su organización y del respeto a la estrategia de lucha cívica. Por conducto de un comunicado de prensa, Ojeda Ríos aclara de la siguiente manera: *"el Superintendente tomó la batuta para difundir las llamadas "sospechas" de los fabricantes compulsivos de casos en Puerto Rico, el FBI, para decir que fueron unos 'tres reyes magos', supuestamente una organización que es parte de los Macheteros, quienes introdujeron un 'comando' para llevar a cabo los actos que ellos llaman criminales, implicando que de antemano se había preparado un operativo para destruir propiedad de la antigua base militar. Esos llamados 'tres reyes magos' nada tienen que ver con el Ejército Popular Boricua - los Macheteros. No descartamos la posibilidad de que haya sido un engendro del FBI, intentando dar veracidad a este evento engañoso al tratar de vincularlo con aquel acto revolucionario y generoso de nuestra organización, cuando en 1985, en pleno Día de Reyes, militantes nuestros llevaron a nuestro pueblo regalos que jamás hubieran recibido debido a su condición de pobreza, tanto en Puerto Rico como en los propios Estados Unidos... Nosotros no planificamos operativo alguno para destruir los equipos o propiedades de la antigua base naval durante la medianoche del pasado 30 de abril al primero de mayo. Nuestra posición con relación a la táctica de desobediencia civil fue y es muy clara.* ***Hemos respetado esa concepción. Hicimos un compromiso con el pueblo puertorriqueño y con el pueblo viequense; es un compromiso de honor, es nuestra palabra de revolucionarios.*** *Las tácticas de desobediencia civil han sido escogidas por el pueblo para esta* *fase de la lucha y han sido exitosas. Los Macheteros no las entorpeceremos mientras consideremos que sean efectivas".*

Ante la posibilidad de convertir a San Juan, Puerto Rico en la sede del Tratado de Libre Comercio de las Américas (ALCA), Filiberto emite un comunicado de prensa en el que expresa lo que puede llamarse la última advertencia de acción táctica violenta de su organización. El 20 de abril del 2004, hace una fuerte crítica a esa iniciativa comercial continental y a su vez advierte: "*A todos los que pretendan llevar esa política a cabo, que no serán recibidos con los brazos abiertos, sino con la disposición de que sus pretensiones sean verdaderamente imposibles de llevar a cabo. En otras palabras,* ***no nos mantendremos con los brazos cruzados.*** *Ya es hora de que el gobierno de la República de los Estados Unidos de América entiendan que defenderemos a nuestra patria de la aves de rapiña que pretenden devorarla trozo a trozo y no permitiremos que sea absorbida por los invasores colonialistas".* Ocho días después, Filiberto dirigió una carta a todos los pueblos latinoamericanos, a título de Responsable General del Ejército Popular Boricua – Macheteros, en la que hace una exposición histórica de la lucha por la independencia de Puerto Rico, destacando las acciones de Oscar Collazo y Griselio Torresola contra la Casa Blair en 1950, el ataque nacionalista al Congreso en 1954 y el ataque a la Base Muñiz en 1981. Con estos ejemplos, Filiberto pretendía dejar claro a los países que interesaban integrarse al ALCA y que acogían la idea de convertir a San Juan en la sede de este acuerdo comercial, que la raíz histórica de coloniaje y las luchas reivindicativas contra ese mal volverían a tener vigencia por lo que él llamaba la consolidación del coloniaje y lo que los tratados como ese significaban, complicidad de Puerto Rico para la explotación de la riqueza de los pueblos latinoamericanos.

Advierte Filiberto en la parte final de su misiva: "*Nuestro pueblo es un pueblo pacífico, pero también orgulloso y muy consciente de nuestros inalienables derechos y por ende, dispuesto a realizar lo que es nuestro deber para impedir que los atropellos y abusos a que hemos sido históricamente sometidos continúen. La historia contemporánea, estamos seguros, tiene que haberles enseñado que los pueblos no están dispuestos a permitir la manipulación y el engaño y mucho menos un colonialismo tan brutal como el que ha aplicado a nuestra patria. La adjudicación de la sede del ALCA a Puerto Rico significa un aval a la* ***condición colonial de Puerto Rico****; esa presencia será interpretada como una invasión más por parte de los Estados Unidos. El fuego no necesita más leña*"

Con las situaciones antes descritas surge la duda de cuánto había considerado Filiberto la posposición de la lucha armada en el pensamiento táctico de la lucha independentista. La entrevista del 2005, sin duda, ayuda a llegar a conclusiones sobre este tema. Pero algo no podemos dudar del análisis estratégico de Ojeda y es esa adecuacidad que le imprimió a cada hecho en el que actuó por la soberanía patria. Cada momento tenía su contexto y aunque nunca renunció al uso táctico de la lucha armada, lo que internacionalmente es reconocido como legítimo, siempre entendió que en el mejor interés del avance hacia la independencia, posponer temporalmente la lucha armada, razón de ser de su organización como retaguardia revolucionaria, para dar su respaldo a la estrategia que el pueblo en lucha prefería, era un acto de humildad y respeto hacia esa gente que tanto amó.

A quienes hablaba

Este tema es uno de los más interesantes del Filiberto Ojeda que tuve la oportunidad de entrevistar recientemente.

En esta ocasión empieza a impulsar con particular interés los objetos del mensaje y cómo hacerlo. Primeramente, Filiberto prioriza en sus palabras la educación al pueblo completo sobre lo que es la independencia y por qué es necesaria ahora. Cuestiona la gestión de instrumentos organizados que operan en la "libre comunidad" para que con los recursos que tienen, más allá de los económicos, denuncien los efectos del coloniaje al pueblo entero convenciendo al país sistemáticamente de la necesidad de acabar con este régimen. Luego de la entrevista de agosto, Filiberto vuelve a recalcar en este punto en el mensaje enviado a la actividad conmemorativa del natalicio de Pedro Albizu Campos el 12 de septiembre en el barrio Tenerías en Ponce. Para muchos, la interpretación de esas palabras era la necesidad de ir unidos a Lares el siguiente día 23. No obstante, quizás por haber sido parte de nuestro diálogo, semanas antes identificó el otro importante recordatorio al independentismo puertorriqueño: Convencer al resto del pueblo que aún le teme a la independencia. Filiberto destacó en esa ocasión el concepto **nación puertorriqueña** con estas palabras: *"Cuando Don Pedro hacía su patriótico llamado a 'toda la nación puertorriqueña' se refería a la totalidad del pueblo. La nación somos todos. Don Pedro distinguía perfectamente entre falsos líderes fundadores reaccionarios al servicio del colonialismo y ese pueblo confundido que les da apoyo condicionado, pero son parte de la nación. Nuestro pueblo, ese pueblo que a través de los pasados 107 años ha sido conducido por el camino de la aceptación del mal colonial, a veces confunde sus intereses verdaderos con aquellos intereses de quienes ejecutan la política colonial en nuestra patria. Ha sido un pueblo burlado en su buena fe que está fundamentalmente confundido por la propaganda de los colonialistas y por dirigentes de* *partidos prepotentes que son fieles al gobierno opresor. Pero esos seres humanos nacidos en esta patria, son pueblo, constituyen la parte vital de nuestra lucha libertaria porque son parte de nuestra nación. Don Pedro lo sabía, lo sentía, los quería a todos en Lares para ayudarlos a comprender la realidad que vivían y cuyos fundamentos desconocían, porque los habían enseñado a ignorarla. Son personas inocentes que, para sobrevivir en un sistema en el cual la desigualdad y la inseguridad son elementos predominantes, se adhieren a esos deformadores de conciencia porque sienten no tener alternativa. Esos sectores victimizados por la propaganda y mecanismos de compra de conciencia, son nuestros hermanos".* Como puede apreciar, Filiberto aprovecha la ya conocida división que se planteaba en la actividad de Lares para hacer ver al independentismo que existe un rol de unidad ilustrativa que sirviera de base a aquellos confundidos por el coloniaje y a su vez concentra su discurso en lo que hay que hacer con aquellos que no creen en un Puerto Rico soberano para ellos y sus hijos. Filiberto identifica muy bien las causas de la "confusión" y a su vez tiende un puente de entendimiento a ellos. Pero es partiendo de ahí, que comienza la gestión educativa. Es cubrir a todos, no sólo independentistas, sino a la nación completa, de la necesidad y viabilidad de la **alternativa** de la soberanía en el presente. Es el imperativo de convencer a los "confundidos", como los prefiere llamar Filiberto, para que la lucha continúe unida bajo los nuevos retos del Puerto Rico soberano, como apuntaba en la entrevista del 2005. Es interesante evaluar que en un momento en el que los medios de comunicación corporativos y el liderato independentista se enfrascaban en una diatriba divisionista sobre la actividad de Lares, Filiberto, desde el clandestinaje, intenta reorientar la atención hacia una misión más relevante que el uso de la tribuna de Lares: convencer a los confundidos que ese día no asistirían al altar de la patria, sobre la soberanía como alternativa a su condición.

Sin duda que los retos que acarree la independencia hay que discutirlos entre el liderato independentista para a su vez orientar al pueblo en general. Esa misión Filiberto percibía la necesidad de organizar y comenzar esa misión. Evidentemente se percataba que de no afrontar esta responsabilidad, el movimiento soberanista estaría destinando al país a una permanente condición de vida colonial. Filiberto, para todos los efectos, se había convertido en **la voz del independentismo.** Había logrado ese sitial por su incuestionable compromiso de vida con la libertad para su tierra, por su estatura moral en la lucha, sobre todo en momentos en los que aun dentro del independentismo se cuestionan entre sí la legitimidad del compromiso a causa de personalismos y espacios protagónicos. Filiberto Ojeda había renunciado a esas luchas internas para dedicar cada momento de su vida, desde el clandestinaje, al cuestionamiento de la presencia invasora en nuestro país. Recuerdo un comentario en el análisis de Alfonso Jiménez Luchetti luego del asesinato de Filiberto: "Él se convirtió en un verdadero peligro para los federales cuando comenzó a hablarle al pueblo, mas allá del tradicional discurso independentista, sobre lo que hay que hacer para lograr la soberanía y por qué es necesaria para el Puerto Rico del siglo 21". Es el llamado a buscar a otros, a los "confundidos", víctimas del coloniaje, a que entiendan el Puerto Rico posible con soberanía. Esto forma parte integral del legado de Filiberto, no tan sólo al independentismo, sino a todos los que, a conciencia, saben que hay que finalizar este régimen colonial, denunciando el chantaje y la represión contra aquellos que luchan por la única opción que es un derecho de todos los pueblos del mundo: **la independencia**.

José Elías Torres y Filiberto Ojeda Ríos.

José Elías Torres

Director de Noticias de WPAB

Entrevista con Filiberto Ojeda Ríos

Septiembre 2005
Trascripción - Claridad

JET- Desde el clandestinaje conversamos con Filiberto Ojeda Ríos, Responsable General del Ejército Popular Boricua Los Macheteros. Ojeda, bienvenido nuevamente a WPAB.

FOR-Muchas gracias, José Elías y quiero aprovechar la oportunidad para felicitar a WPAB en su 65 aniversario y felicitarlos por haber mantenido la lealtad que muy pocos periodistas y muy pocas estaciones de radio en nuestro país mantienen hacia la verdad. Y en ese sentido, sobre todas las cosas, es que quiero felicitar a Don Tuto Jiménez, y a ti como periodista, y bueno... desearles muchos años más en este ritmo de buen contacto con el pueblo, de buena orientación para el pueblo.

JET- Muchas gracias por sus palabras. Uno de los temas que quiero tratar de inmediato, que quiero empezar a tratar en este diálogo, es relacionado con la crisis que vive el país. Se ha hablado que desde las elecciones para acá se ha demostrado más concretamente acerca de la realidad de lo que es nuestra vida como colonia; se ha acentuado ya últimamente con la situación fiscal del gobierno y cómo la imposibilidad nuestra para poder resolver estos problemas, en vista de la relación que tenemos nosotros con los Estados Unidos. Con algunas personas hemos planteado de que si esta situación de la crisis de la colonia es un momento adecuado para adelantar significativamente la lucha por la independencia. Me gustaría escuchar cómo ve usted la relación de la crisis de la colonia vis a vis el adelanto de la lucha por la soberanía del país.

FOR-Bueno, creo que es una pregunta muy compleja, excelente por cierto y que me va obligar a ser un poquito, a profundizar, en ciertos aspectos que tienen y guardan relación con esa crisis y que también guardan relación con algo que es muy importante, como es la reconstrucción de la patria en el momento en que alcancemos la independencia, que es lo único, lo lógico, que podemos lograr nosotros de acuerdo a esta crisis. Definitivamente, esta crisis se veía venir. Yo he dicho ya en varias ocasiones que el capitalismo está en picada. Están en picada porque son demasiados de muchos los elementos contradictorios, que en estos momentos están afectando al capitalismo como tal, particularmente al capitalismo que está centrado y dirigido por los monopolios y por todas las fuerzas económicas de Estados Unidos, que es la potencia capitalista fundamental, la que rige el mundo capitalista, prácticamente se puede decir y ellos ahora mismo tienen problemas extraordinarios. La crisis de la energía por la cuestión del petróleo, que es algo bien serio, los lleva a declarar la guerra y a llevar la guerra a países como Irak, para tratar de quedarse con todo el petróleo que tienen ellos allá porque esa es la base del problema; lo que está sucediendo en Venezuela. Y económicamente no tiene ya como alternativas. El capitalismo siempre es un sistema que ha tenido la capacidad de ir generando formas, de ir resolviendo las contradicciones que surgen del propio sistema capitalista, pero como que se están agotando esas soluciones dentro del marco del sistema capitalista. Ya como que no hay mucha alternativa, ¿entiendes? Una de las alternativas más grandes que ellos han tenido siempre es, pues, los préstamos que hacen para América Latina, el Fondo Monetario Internacional, cómo someten a los países de América Latina a unas deudas increíblemente deshonrosas, y son... es criminal, es como robar, porque ellos se hacen unos préstamos a través del Fondo Monetario, a través de los diferentes tipos de bancos que tienen de carácter internacional que están regidos por el capitalismo, por los centros capitalistas de poder y cuando vienes a ver, estas naciones de América Latina y particularmente de las naciones subdesarrolladas, están totalmente endeudadas y no pueden pagar. ¿Qué es lo que hacen? Pagan estrictamente lo que es el interés de la deuda, pero la deuda no se va bajando, la deuda se mantiene idénticamente como está, siguen pagando intereses, siguen pagando intereses y mientras tanto los pueblos están en la más increíble miseria y eso es uno de los efectos más negativos del capitalismo. Ahora, América Latina, por ejemplo, y ahora más con el Presidente Hugo Chávez Frías, que está... indiscutiblemente es un líder que está cambiando la dinámica de esa situación de explotación que se ha dado en toda América Latina, pues entonces hay unas situaciones que agravan aún más la crisis del capitalismo, tiene problemas de mercado, tiene problemas de producción, tiene problemas de precios, tienen problemas de todo tipo, que ya no pueden ir resolviendo o sea, que ya la crisis es bien grande. En Puerto Rico, ¿cómo nos afecta? Ya lo hemos visto, dicen siempre que cuando en Estados Unidos les da catarro en Puerto Rico les da pulmonía. Y eso es una realidad. Que vamos a vivir nosotros aquí y hay que prepararse fuertemente, porque la crisis que viene es grave y no tiene soluciones inmediatas y aquí la única solución viable, la única solución viable, es la Independencia, es la Libertad. Y eso es lo fundamental para nuestro pueblo, que vaya pensando en esos términos. Van a subir el agua, van a subir la luz, la criminalidad azota al pueblo todo el tiempo. Estamos sufriendo como consecuencia de esa criminalidad. Los primeros ladrones están en los lugares de control gubernamental, como lo es la misma Cámara de Representantes y el Senado, en los lugares del gobierno, en las agencias del gobierno, ahí están los fundamentales ladrones de este país, desvían y no le cobran los impuestos, por ejemplo, a quienes deben de pagarlos. Ya hemos visto lo que ha sucedido, como son los que importan el petróleo, que se escapan para no pagar los impuestos, se escapan de no pagarlos mediante subterfugios, diciendo "como esto es para vender a la Autoridad de Energía Eléctrica pues no tenemos que pagar impuestos sobre eso", porque esa es la ley, y la ley los protege a ellos. En otras palabras, el pueblo es el que es victimizado, como consecuencia de esta crisis económica global del capitalismo. Ahora, dentro de eso, ¿qué podemos hacer nosotros? Porque, por ejemplo, muchas personas dicen "no tenemos nosotros la posibilidad de superar esta crisis". ¿Cómo vamos a salir nosotros?, ¿qué vamos a hacer nosotros los puertorriqueños? Lo primero es no sentirnos inferiores, crecer, madurar como seres humanos.

JET- ¿En qué sentido usted ve inferioridad en la actitud del puertorriqueño ante la crisis?

FOR-Bueno, por ejemplo, ese sentido de que el complejo que se nos ha creado por la educación que se le ha dado a este pueblo, constantemente haciéndonos sentirnos y minimizando nuestra autoestima cuando se reduce nuestro ser a pensar que no podemos valernos por nosotros mismos, que no tenemos la capacidad para valernos por nosotros mismos. Eso es un sentido de inferioridad que se nos ha inculcado a través de ciento y pico de años de colonialismo norteamericano; la educación. Si los americanos no están nos morimos de hambre..., eso lo escuché yo de niño y lo estuve escuchando gran parte de mi vida como adulto y eso tiende a resquebrajar el sentido de autoestima de un ser un humano y por lo tanto se va inferiorizando, uno mismo se va limitando, sin darse cuenta porque esa es parte de una dinámica sicológicamente programada por el gobierno de Estados Unidos. Ellos bregan con todas estas situaciones. Y nosotros tenemos que romper con eso, saber que valemos igual que cualquier otro pueblo, y que tenemos que tomar las decisiones en estos momentos para salir de esta situación, que no es consolidando sistemas colonialistas, no es a través de los mecanismos que ya existen, no es con el PNP, no es con los populares, eso es más de lo mismo, no cambia en absolutamente nada nuestra realidad.

JET- Usted plantea el asunto de la independencia como una solución a esto. Me gustaría que me explicara entonces cómo la focaliza, porque para eso primero tenemos que empezar a trabajar el tema del status y en este momento no vemos por ningún lado, que en medio de la crisis el gobierno esté ejerciendo, esté impulsando, la solución de la relación colonial.

FOR-Bueno, eso es completamente cierto y sí, el status se tiene que resolver, pero de la única forma que se puede resolver el status es que el pueblo se tome conciencia de su realidad y que solamente lanzándose a la calle, exigiendo sus derechos, exigiendo el derecho a la libertad, a la independencia, reclamando lo que por ley internacional nos corresponde, que es la autodeterminación y la independencia y el pueblo, pues, naturalmente, tiene el papel fundamental de presionar. Ahora, ¿cómo se da ese tipo de presión? La crisis va a forzar esa situación, porque los pueblos, cuando están en una situación tan dramática, como se va a ir encontrando el pueblo puertorriqueño en la forma en que se está creando la situación, tenemos que darnos cuenta de que no hay alternativa a esta situación, la única alternativa, la verdadera alternativa, es la independencia de Puerto Rico. Entonces tenemos que romper con todos estos estigmas que hemos cargado durante tantas y tantas décadas, tenemos que romper con ellos, sentirnos autosuficientes y además, José Elías, tenemos que estar dispuestos a sacrificarnos durante algunas décadas para la reconstrucción del país. En otras palabras, que esto tampoco es como si de hoy a mañana se resuelve, sino que tenemos que estar dispuestos, un pueblo tiene que estar dispuesto, a sacrificarse para lograr la dignidad, para lograr la recuperación económica, pero con una buena planificación. Que no puede y no tiene que ser capitalista, puede utilizar algunos medios del capitalismo de transición, en transición, pero realmente tienen que existir otras normas para poder nosotros establecer un sistema que sea justo para todo el pueblo y que tome en consideración primordialmente el bienestar del pueblo.

JET- Esto nos lleva entonces a necesariamente evaluar, Ojeda, lo que los grupos independentistas, líderes independentistas, están haciendo en medio de la crisis y yo creo que este es el momento que nos toca para escuchar cómo evalúa usted el rol de ellos, qué han hecho ellos, para ilustrarle al país la necesidad de ir por ese camino que usted nos está hablando.

FOR-Bueno, José Elías, antes de entrar precisamente en este punto, yo tengo que expresarte algo porque yo creo que es muy importante, porque hay que ser justos también con todos los sectores de nuestro pueblo que han hecho un trabajo extraordinario para poder fomentar la concienciación de nuestro pueblo como puertorriqueños. Porque nosotros hemos sufrido la desvalorización de nosotros los puertorriqueños, porque tergiversan nuestra historia, nos colocan a nosotros en un nivel verdaderamente inferior, no se crea una educación constante y formativa de lo que es nuestra verdadera historia, esa historia de lucha tradicional que hemos tenido los puertorriqueños que es increíble. Los puertorriqueños, yo creo que ha sido uno de los pueblos más valientes que ha existido en América Latina. ¿Por qué? Y ya lo dijo el Che. Por la forma en que ha logrado sobrevivir, a pesar del tipo de colonialismo que se ha impuesto sobre este país. Entonces, ¿cómo se ha podido, nosotros, mantener esto que ahora mismito sentimos los puertorriqueños con la puertorriqueñidad por delante? Clandestinamente y voy a explicar por qué clandestinamente. Porque aquí ha habido un grupo extraordinario de intelectuales puertorriqueños. Acaba de fallecer un extraordinario ser humano, José Ferrer Canales, que ha hecho conciencia, pero no ha sido conciencia programada, pero no ha sido conciencia programada por el Estado, ha sido prácticamente en oposición a lo que el Estado ha querido. Un Félix Ojeda, un Estrade, bueno hay una infinidad de excelentes historiadores puertorriqueños que han levantado, prácticamente de manera clandestina, la conciencia de lo que somos y si no hubiera sido por esos seres humanos a través de estos cien años de coloniaje, desde antes quizás, desde principios del siglo pasado, el siglo veinte, con tantos y a tantos seres humanos de tan alta valía pero que no fueron enmarcados por el sistema educativo, sino fue al margen del sistema educativo que hicieron el trabajo para poder darle valor al pueblo puertorriqueño, lo que nosotros somos, lo que hemos sido y lo que nosotros hemos luchado, en lo que ha sido la Masacre de Ponce, como se ha conocido eso. No ha sido a través de los oficiales, ha sido a través de los sectores intelectuales, al margen del sistema establecido. El oficialismo, por el contrario, ha hecho todo lo posible por esconder esos verdaderos rasgos históricos que nos pertenecen y nos corresponden a los puertorriqueños. Betances, ¡qué figura más extraordinaria, orgullo para nosotros los puertorriqueños! Ahora se acerca el veintitrés de septiembre y tengo que decir estas cosas, porque tengo que rendir homenaje a todas esas personas, a todos esos intelectuales que han dedicado su vida a levantar la imagen del pueblo puertorriqueño. Es a ellos, a ellos que se les debe precisamente el hecho de que los puertorriqueños seamos puertorriqueños, en cierta medida, porque son los que han propulsado esa historia, la han salvado, para los puertorriqueños, para el beneficio de los puertorriqueños. Esa es la historia que yo he estudiado, esa es la historia que los independentistas han estudiado. Ahora, haciendo esa salvedad, hay una cosa que a mí me preocupa mucho, es el Reformismo. El Reformismo en Puerto Rico tiene muchas variantes y aplicaciones, y el Reformismo es una tendencia ideológica que se viene cargando en Puerto Rico desde finales del siglo antipasado, el siglo diecinueve.

JET- ¿Pero Reformismo dentro del independentismo?

FOR-¡Oh sí! Reformismo dentro del independentismo. Betances tuvo que hacerle frente al Reformismo, y condenó y criticó el Reformismo. Numerosos artículos de Betances estuvieron destinados a criticar el Reformismo. Naturalmente lo hacía con ese respeto que caracterizaba a todos esos intelectuales, pensadores de esa época, que eran muy respetuosos, porque siempre, bueno, se pensaba que las personas estaban equivocadas en sus planteamientos, pero hubo muchos, muchos reformistas dentro de la época de Betances, que entonces Betances les salía al paso, decía. Bueno pues, la cuestión ésta de los anexionistas yanquis hacia convertir a Puerto Rico en un estado de Estados Unidos, ya para esa época Betances condenaba eso y eso, pues, se estuvo dando, esa tendencia se cargó a través de todo el siglo XX.

JET- En el 2002, en la entrevista que usted nos concediera previamente, nos había hablado de la esperanza que para usted significaba la fusión del Congreso Nacional Hostosiano con el Nuevo Movimiento Independentista. Eso, al año siguiente se produjo. Lo que tenemos ahora es el Movimiento Independentista Nacional Hostosiano. Usted tenía una gran expectativa sobre eso, como un modelo a seguir de fusión de movimientos independentistas no partidistas. Ha pasado el tiempo, inclusive pasaron las elecciones y nos encontramos en esta crisis en que se encuentra la colonia. ¿Usted se encuentra satisfecho con la fusión del Movimiento Independentista y el Congreso Nacional Hostosiano?

FOR-Parcialmente. O séase, sí y no. Te voy a explicar, porque yo recuerdo perfectamente que cuando hice esas manifestaciones las hice en Lares. Y como yo he vivido tantas décadas de este proceso nuestro, viví la época del Movimiento Pro Independencia. Y yo recuerdo cuando hice esas manifestaciones estaba pensando en que iba en la dirección de lo que fue el Movimiento Pro Independencia de Puerto Rico en aquel entonces, la década del sesenta, el setenta. El Movimiento Pro Independencia fue un movimiento de pueblo, fue un movimiento unitario y en su seno había todos los sectores incluyendo este servidor. Estábamos todos involucrados en el Movimiento Pro Independencia. Yo en esa época estaba en Cuba, como delegado. Estaba en la Misión, estaba como jefe de la Misión, subjefe de la misión y delegado alterno de la Tricontinental que entonces se había creado en el 65, 66. Y ese Movimiento era un movimiento que levantaba esperanzas, porque le hacía conciencia al pueblo, emanada del propio pueblo, de los problemas que estaba sufriendo el mismo pueblo, sacaba las conclusiones y movilizaba al pueblo en reclamación de sus derechos. O sea, que era un movimiento vinculado al pueblo, de agitación popular, y eso era lo que yo entendía que iba a suceder cuando se creara. Y naturalmente, hice unas... le di aplausos por esa razón, porque lo vi como un paso muy positivo. Si no es lo que ha sucedido todavía. No pierdo las esperanzas de que algún momento suceda. Yo creo que ellos han dado... Yo no estoy muy al tanto, internamente, de cómo se está desarrollando el movimiento, el MINH, el Movimiento Independentista Nacional Hostosiano. Yo sé que hay, el programa político de ellos claramente expresa y lo apoyamos nosotros, nosotros apoyamos esa tendencia, de trabajar con las comunidades, trabajar con los problemas del pueblo, trabajar con todas las necesidades del pueblo. Yo estuve totalmente de acuerdo. Bueno, yo creo que hasta escribí sobre eso. Eso me dio esperanzas, ¿no? De que ese tipo de movimiento legal, abierto, lo veía como una alternativa verdadera. Hasta ahora, pues, no he sentido que eso se ha dado. Y también yo creo que se han cometido algunos errores.

JET- ¿Cómo cuáles?

FOR-Hay errores que se han cometido y yo creo que, esto sin ofender y con muchísimo amor lo expreso, verdad, pero errores, por ejemplo, de condescendencia. Yo no le echo la culpa de esto al movimiento, al MINH. Esto viene ya girando desde mucho antes de que existiera el MINH. Ese movimiento de condescendencia.

JET- ¿Qué usted quiere decir con condescendencia?

FOR- Condescendencia con el Partido Popular, de integración con el Partido Popular, de reuniones bilaterales con el Partido Popular, de acuerdos bilaterales con el

Partido Popular. Yo creo que esto, francamente, para mí, eso es un error, del pasado, no digo del MINH. Pero que el MINH no ha cambiado esa tendencia. Y yo creo que sencillamente, es un error, es un error, que me siento en la obligación revolucionaria y patriótica y respetuosa y esperanzadora, de que eso cambie. Porque considero a todos estos compañeros que forman parte de esa organización como muy buenos seres humanos, independentistas de verdad, que sienten la causa por la independencia. O sea, yo no estoy, por ejemplo, en las de lanzarles piedras a estos hermanos, sino de pedirles... prácticamente, de hasta... bueno de, no diría suplicarles, verdad, porque no me gustaría utilizar esa palabra revolucionariamente, sino de que analicen, profundicen en los resultados de la política que se pueda llevar a cabo con ese tipo de vinculación a esos sectores que son contradictorios con la independencia y cuyos intereses están opuestos a la lucha por la independencia y que utilizan a estos compañeros, utilizan a todos estos compañeros. Esa es la verdad. Desde mi criterio ¿no? como yo lo pienso, y bueno pues, pienso que eso puede crear problemas en el país.

JET- Esto, inclusive, ha llevado al punto a una controversia que ha surgido entre el Partido Independentista, la cúpula del Partido Independentista y estos sectores, no tanto el MINH, pero sí en sectores del independentismo no afiliado, líderes independentistas no afiliados, que han estado apoyando causas en común con el Partido Popular Democrático. E inclusive, la controversia ha llegado al punto acerca de quién va a ir a Lares o no, este año.

FOR-Mira, José Elías. La controversia es bien compleja. Ahí tienes tú por ejemplo, una posición que tiene que ver con eso que hemos criticado todo el tiempo, la cuestión esta de la Constituyente, Asamblea Constituyente.

JET- Eso es otro tema que quiero discutir con usted más adelante, pero... claro, si lo quiere traer ahora. Porque quiero tratar más adelante el tema de la Constituyente, específicamente, pero quiero ir sobre esta diferencia que hay entre estos dos bandos, dentro del mismo independentismo, que de nuevo, vuelve hasta cristalizarse sobre quién va a estar en la tribuna de Lares.

FOR-Pues, te voy a explicar, ya que vamos a entrar después al análisis de la cuestión de la Constituyente, de nuestra posición organizativa sobre Lares. Nuestra organización ha dicho, sólidamente, y defiende, de que nadie tiene el monopolio de Lares, absolutamente nadie tiene el monopolio sobre Lares. Toda organización bonafide, independentista, que respete la independencia, que se llamen independentista, tiene derecho a estar en Lares. Y lo mejor sería que se coordinara el trabajo, se hiciera... Yo le hago un llamado a todos los independentistas, al Partido Independentista, al Nuevo Movimiento, a todos los partidos, a todas las organizaciones que se unan en una sola organización, que nadie abandone, que nadie abandone la tarima cuando se esté dando el acto de Lares. Porque eso no es conducente a que se vaya dejando el camino y creando un proceso verdadero de unidad, eso no es conducente a eso. Eso lo que es antagónico, porque levanta ronchas entre los independentistas, y eso es no es bueno que suceda. Nosotros, y ahora hablo por nosotros, nuestra organización, nosotros hemos sufrido en el pasado muchísimo con la cuestión de Lares. Y nadie nos va a quitar a nosotros el derecho a participar en Lares, nadie. No nos lo pueden quitar, porque nos lo hemos ganado, luchando y sacrificándonos por esta Patria y todo el que ha luchado por esta Patria, bien sea con diferencias ideológicas, tiene derecho a participar en Lares y nadie a nosotros nos puede quitar ese derecho tampoco y en el pasado hemos luchado fuerte para garantizar de que ese derecho se respete. Y lo hemos logrado, poco a poco, con mucha paciencia. Porque tampoco es esto,... sacando mollero, no, no, no... es con mucho respeto, con mucha delicadeza y hablando y explicando las cosas, y nosotros tenemos una paciencia extraordinaria. Estos 40 años que llevo de clandestinaje, yo creo que lo demuestran. Entonces, yo creo que, primero, que es un error, condenar a otros abiertamente, de la manera que se ha hecho, llamando traidores, o llamando... eso no creo que es correcto. No creo que es la verdad tampoco, no creo que estas personas son traidores, creo que son independentistas equivocados, que han tomado algunos rumbos equivocados, pero sería indigno llamarles traidores. Yo no creo que eso es correcto. Y profundiza la división. Eso, por ejemplo, comentarios que se han hecho anteriormente, que esto, por ejemplo, va escalando, va escalando poco a poco y esto es negativísimo. Esto es lo mismo que está sucediendo con el PNP ahora mismo. Esa división, en el PNP que va escalando, uno va leyendo que cada vez más uno ve que va escalando. ¿Qué dónde va a terminar? No me importa dónde termine. Mientras más se rompa, pues, mejor. Eso falta, que se rompan el espinazo y se acaben de desaparecer en este país, porque le hacen mucho daño al pueblo. Esa es la opinión que tenemos. Pero no obstante, entre el independentismo eso no debe suceder, ¿entiende?, porque eso va escalando. Entonces, empezaron hace poco, después de... no recuerdo, después de las elecciones, que se hace el planteamiento, un planteamiento de que el que traiciona, el que vende su Patria, vende a su mujer, una cosa así, no recuerdo la...

JET- Era a raíz del desplazamiento de votos independentistas en favor de la candidatura de Acevedo Vilá para derrotar a Rosselló.

FOR-Exactamente, yo estuve leyendo eso y realmente me causó muy mala impresión, ¿entiende? Y si me causó muy mala impresión, todo el mundo que yo conozco le causó muy mala impresión, quiere decir que les causa muy mala impresión a todos los independentistas también, eso no se hace. Eso es verdaderamente arrogancia, arrogancia de unas personas, no del independentismo, de unas personas, porque ni siquiera es arrogancia de un partido, es de algunos seres humanos, que tienen una formación y que tienen una forma de pensar que no es correcta desde el punto de vista de la forma en que instrumenten sus ideas.

JET- Por eso, cuando comenzamos el diálogo, Ojeda, yo le traía el tema de qué está haciendo ese liderato independentista en medio de la crisis. O sea, cuánto se puede adelantar para ilustrar al país de la necesidad de atender la raíz de todos estos problemas, que es la colonia y el tema del status. No se oye hablar acerca de eso. Entonces no sé hasta qué punto en el momento precioso, si fuéramos a llamarlo así, que se tiene para poder insertar en la mente colectiva de que la solución a esto tiene nombre y apellido, ¿no? Se llama la soberanía para el país. Cómo se pierde este momento para dedicarlo a esto, haciendo señalamientos unos a otros.

FOR-Estoy totalmente de acuerdo con ese planteamiento que me estás haciendo. Porque verdaderamente lo que le hace es daño al proceso. Se pierde tiempo, no es constructivo y se pierde la oportunidad. Porque, por ejemplo, mira, ¿que está sucediendo en la Asamblea Legislativa? ¿Dónde está la oposición real? ¿Dónde está? No existe. ¿Dónde está la fiscalización? Si el Partido Independentista hiciera..., por ejemplo, se hubieran dedicado a ser una verdadera oposición patriótica en la Asamblea Legislativa, aún cuando yo no creo en ese proceso, pues tendría que respetar un poco más la participación. ¿No?, están haciendo algo. Pero es que ni siquiera hacen eso. O sea, que no hay una denuncia constante, no hay un alerta al pueblo, no se organiza al pueblo, porque si una organización es legal y está sucediendo lo que está sucediendo en nuestro país, van a aumentar el agua a 128%, ¿qué es eso, Dios mío? ¿Cómo es posible que un partido independentista permita, legal, legal que se aumente el agua y se atropelle al pueblo de esa manera? Es imposible, no se debe permitir. ¿Cómo es posible que dentro de un año, de unos meses, tengamos que pagar el triple o el doble por la energía eléctrica? ¿Dónde vamos a parar? Este aumento infraccionario extraordinario que está sucediendo en el país, que el costo de vida, la gasolina, todo, está por las nubes, esto está llevando a pueblo a la ruina. Pues entonces, ¿cuál es el deber? Concientizar ese pueblo para que se lance a la calle a hacer reclamaciones que le convienen para su futuro, pero no es aplacándolo, no es haciendo subterfugios y debilitando la lucha, buscándose arreglitos y tratando de conseguir más fondos para que aquello funcione, que lo otro funcione, que no es el pueblo, son, allá, unos sectores, ¿no? que se están ganando suficiente dinero. Eso es algo muy preocupante. La condición está, pero no para que los partidos legales, los movimientos legales estén ausentes en ese debate. Lo que tiene que hacer es llevarle al pueblo la realidad y la alternativa real, luchar. Esto no se puede permitir porque esto es indigno, esto es vil, esto es un crimen, esto es un atraco, esto es un asalto. Y el pueblo no puede permitirse que caiga, que sea atracado de esa manera. ¿Quién puede llevarlo por ese camino? Los independentistas, el Partido Independentista, el Movimiento Independentista Nacional Hostosiano, las organizaciones que están legal, el movimiento del Frente Socialista, algunos sectores del Frente Socialista, verdad, que hay ahí, algunas personas y algunos sectores que yo creo que son muy importantes y muy buenos. Pero bueno, eso es lo que yo creo que es negativo de lo que está sucediendo con relación a este problema de la realidad. Ahora, por otro lado, hay personas dentro del Partido Independentista que tienen una cierta visión del futuro y del Partido, y de personas, no quiero decir del partido, hay unos independentistas, que tienen alguna visión del futuro y yo me refiero particularmente a algunos economistas. Economistas que empiezan y están trabajando en qué haríamos nosotros en el futuro, cómo resolveríamos nosotros el tránsito hacia la independencia y la recuperación y reconstrucción económica. Eso yo creo que es algo muy válido. Aparte, de lo otro, de lo que tiene que ver con luchar en la calle, lanzar al pueblo a la calle. Mire qué pasó ahora con la gasolina, se tiraron... por poco se descalabra el pueblo ¿sabe? El país por poco se hunde.

JET- Dos días, sí, así es.

FOR-Y por una cosa sencilla, que yo no creo ni que fue planificado con esos efectos. No fue planificada. El resultado fue eso, pero yo creo que los primeros sorprendidos fueron los mismos que organizaron esa, esa.... Sí, yo creo que no lo sabían. Yo creo que les tomó por sorpresa, ¿entiende?, lo que sucedió. Se paralizó el pueblo.

JET- Pero ilustra algo de la susceptibilidad de la colonia, Ojeda.

FOR-Exactamente, exactamente. Ilustra y dice, y le dice a este pueblo: 'Si tu quieres, puedes y si quieres romper los lazos de esta colonia, puedes y debes romperlo, porque si tú quieres vivir libre, si tú quieres controlar tu vida, si tu quieres rehacer tu vida y garantizar el futuro de tus hijos y de tus nietos, tienes que cambiar esta situación, porque de lo contrario lo que vas a tener son unos esclavos perennes, unos seres humanos totalmente...., que no son ni seres humanos'. Esa es la realidad.

JET- Ojeda, vamos a abundar un poco en este momento acerca del impacto que pueda tener para Puerto Rico la aprobación del Tratado de Libre Comercio, América Central y República Dominicana con Estados Unidos. El gobierno de Puerto Rico ha indicado que es beneficioso para nuestro país. Ciertamente, nos lleva a un punto donde nuevamente, necesitamos la soberanía para poder insertarnos en ese tipo de proceso. ¿Cómo ve usted lo que pueda acarrear para nosotros el impacto de ese tipo de acuerdo comercial, levantando barreras arancelarias entre países centroamericanos y nuestro vecino país, la República Dominicana y su impacto en Puerto Rico?

FOR-Mira, recientemente, tanto el Comisionado Residente en Washington, Fortuño, como Bhatia, que es el que está allí, hicieron unas declaraciones, tomaron unas iniciativas que realmente son sorprendentes.

JET- ¿En qué sentido son sorprendentes?

FOR-Porque vienen en un momento preciso, en el cual la CIA, el gobierno de Estados Unidos, están levantando una campaña contra Venezuela y cuando Rumsfeld hace unas declaraciones negativas y agresivas contra Venezuela, cuando la señora Condoleeza Rice hace unas declaraciones agresivas y contrarias de Venezuela, todas falsas, todas inventos. Entonces, este señor Fortuño, de la nada, se saca una declaración para llevar una resolución, presenta una resolución en el Congreso de Estados Unidos para que la aprueben, que tiene que ver para condenar a Venezuela, agresiva contra Venezuela, etc. Y entonces, Bhatia por su lado, pues aplaude inmediatamente la firma del CAFTA, que se creó, donde está la República Dominicana también firmando, ese tratado. Entonces, ambos, inmediatamente, hacen esos planteamientos, uno defendiendo el CAFTA, que es una reverenda porquería, porque eso lo que hace es abrirle el camino más a los gringos para terminar de controlar a los países que firman ese tratado bilateral, en este caso es un poco más amplio que bilateral, porque envolvió las naciones de Centroamérica y envolvió también, involucró también a la República Dominicana. Pero, lo de Fortuño, por ejemplo, ambas declaraciones surgen en el marco de la campaña agresiva, fascista prácticamente, que se está desarrollando contra Venezuela. Entonces, este es un individuo, por eso me preocupa a mí la actitud de este Fortuño, porque esto, para mí, no fue un engendro de él, esto se lo pusieron en las manos y él fue y lo llevó, cumpliendo una orden que alguien le pide, allá, en Washignton. ¿Qué quiere decir esto? Que Fortuño no es una persona con dignidad, ni que toma decisiones que favorezcan al pueblo de Puerto Rico, sino qué está totalmente sometido a lo que le pide, el gobierno de Estados Unidos, le impone el gobierno de Estados Unidos. Eso es el tipo de individuo que pretende ser gobernador de Puerto Rico. ¡Qué calamidad!, sería un desastre tener a Fortuño como gobernador en este País, aparte de que yo no creo en ninguno de ellos. Pero imagínate, entonces, el otro, Bhatia, que es la rabiza, que está tratando de mantenerse a flote en cualquier lugar, hace unas declaraciones apoyando el CAFTA, ¿no?, diciendo lo bueno que es el CAFTA, cuando el CAFTA es un verdadero desastre que elimina la posibilidad de que los países centroamericanos y República Dominicana se defiendan mediante la imposición de unos aranceles, sobre algunos productos con los cuales se comercia en esos países. Eso es un desastre, eso es verdaderamente negativo para los pueblos, tanto República Dominicana como para... Entonces hablan de que Puerto Rico....

JET- Se va a beneficiar...

FOR-Se va a beneficiar, pero ¿de qué se va a beneficiar Puerto Rico con eso?

JET- De hecho, es interesante porque tanto Bhatia como Fortuño, que pueden diferir en muchos cosas, en esto han coincidido.

FOR-Pero si tienen que coincidir, porque ellos no son los que producen esto, los jefes de ellos son los que producen esto, estos dos planteamientos. O sea, esto no es Fortuño el que está hablando, Fortuño es el fotuto del gobierno de Estados Unidos, y Bhatia es un fotuto del gobierno, están coordinados por el gobierno de Estados Unidos y se ve claramente, por el momento preciso, histórico, en el cual hacen el planteamiento. Ellos nunca habían hablado de Venezuela, ellos nunca habían hablado absolutamente de nada y de repente, ambos, salen con esta declaración enmarañada, que lo que refleja es una falta de dignidad y un sometimiento. Qué tipo de candidato a puesto de gobernante tenemos nosotros aquí.

JET- Hay un ángulo adicional sobre el tema del CAFTA es que, aparte de que Puerto Rico no entra en la negociación sobre esto, hay un gran temor de mucha empresa, que pueda esta operando en Puerto Rico, se desplace a cualquiera de estos países para aprovechar condiciones para explotación de los obreros en esos lugares, debido a los costos de producción tan bajos comparados con Puerto Rico. Y esto, pues, también representa una amenaza para el país, en la medida en la cual haya un desplazamiento significativo de trabajo y de producción aquí, a países como Centroamérica o República Dominicana, Ojeda.

FOR-Eso es totalmente cierto y esto lo que refleja es lo que hablábamos anteriormente, con lo que es, dónde va el sistema capitalista. Yo creo que estos son, como el

ALCA, son proyectos de fracaso, son los proyectos que cuando un sistema va en picada, tienen que inventarse todos estos tipos de contratos, ¿no?, que son realmente cuando ya no existe, que ya están en una situación sumamente difícil, sigue inventando, pero no tienen alternativa, el sistema va en decadencia y yo no, francamente yo soy de los que creo que ya no le queda tantas décadas al sistema como tal, y mucho menos en Estados Unidos.

JET- Esta situación del CAFTA lo he traído, Ojeda, porque posiblemente sea un elemento adicional que presione a Puerto Rico a tener que ver qué va a hacer con su destino político, en términos de su relación con los que le rodean, porque cuando comiencen a sentirse los efectos del CAFTA-RD, aquí lo vamos a estar viendo a través de desempleo, a través de carencias de productos, específicamente la producción aquí sustituidos por los que vienen de esos países. Entonces volvemos a encontrarnos con otra razón más para atender el tema de la relación.

FOR-Eso es exactamente así. Yo creo que ese es uno de los problemas graves, eso es parte de la gran crisis que se va incrementando en el país. Porque eso es precisamente lo que va a ser; es una fuga de capitales en otra forma, ¿no? Se está fugando el dinero, se está fugando la inversión, se va creando mucho más desempleo en Puerto Rico, la crisis se va profundizando en Puerto Rico. Lo que quiere decir que la alternativa, para nosotros, es una sola, romper con eso y entonces empezar a bregar con la reconstrucción de Puerto Rico independiente, pero hay que resolver el problema del status. Hay que tomar la sartén por el mango y para eso hace falta decisión. Y la decisión es la que el sistema norteamericano y el colonialismo, la capacidad de tomar decisiones, es lo que nos ha eliminado al pueblo con sus políticas aplicados en Puerto Rico y eso es lo que tenemos que recuperar para comenzar por ahí. Que el pueblo comprenda, que las decisiones que tome es el futuro de Puerto Rico y que sería increíble, porque... no sé si podrás imaginártelo, yo soy un soñador, porque soy un revolucionario, los revolucionarios soñamos. Pero yo pienso que nosotros los puertorriqueños, integrados a ese proceso por derecho propio, reconocido como tal, porque ya se nos reconoce por derecho propio en la República Bolivariana, en Cuba, que comprenden perfectamente el problema de Puerto Rico, se nos reconoce por derecho propio, se nos reconoce como latinoamericanos. Acabo de escribirles recientemente, a ambos, a Fidel y a Chávez, hablando de Puerto Rico. Son latinoamericanos y ellos, que no hablan mucho, me imagino que, bueno, pues, yo me imagino por qué, verdad, pero ellos no quieren, no han tomado abiertamente alguna posición radical con relación a Puerto Rico, han sido muy cuidadosos en ese sentido.

JET- ¿A qué usted cree que obedece eso?

FOR-Bueno, yo creo que es lógico. Es lógico que Puerto Rico es la colonia norteamericana, Puerto Rico puede ser utilizado por los norteamericanos, por el gobierno de Estados Unidos, para justificar cualquier tipo de agresión contra cualquier pueblo que tenga la osadía de apoyarnos. Y por eso nosotros tenemos que tener mucho cuidado y comprensión. Y yo creo que independientemente de eso, el apoyo está, porque lo hacen en las Naciones Unidas, lo hacen dondequiera que hay un foro internacional, el apoyo a la libertad de Puerto Rico está presente, tanto por Cuba, como por Venezuela, como por inclusive los movimientos latinoamericanos, por todos, ¿no?, apoyan la independencia de Puerto Rico. Pero se reconoce el derecho, se reconoce el derecho a Puerto Rico y a los puertorriqueños como latinoamericanos, de formar parte de ese proceso que se está dando. Se tiene que reconocer porque yo creo que Puerto Rico se lo ha ganado y además, eso es lo que Puerto Rico es. Puerto Rico es un país latinoamericano.

JET- Usted habla acerca de la necesidad de que el pueblo tome conciencia de todo esto. Nosotros, aquí en la emisora, hemos hablado en muchas ocasiones acerca de cuán capacitado está el pueblo para mirar a estas variables que usted describe, cuando hay tanto fondo federal, donde hay tanta presencia de elementos de entretenimiento para que el país no mire la raíz de todo este problema. Es decir, ¿cómo puede haber libre determinación del país con estas condiciones de las cuales estamos dependiendo de manera creciente, ante la crisis fiscal que tiene el gobierno de Puerto Rico, aun más de fondos federales, Ojeda. O sea, ¿es posible lograrlo aún con esas circunstancias?

FOR-Bueno, has hecho una pregunta extremadamente difícil. Yo creo que sí, que es posible. Y, no olvides, que cada cosa tiene su contraposición. Por ejemplo, si hay mucha dependencia, si hay mucha enajenación como producto de la compra de conciencia, sí existen todos esos factores que tú mencionas, José Elías, pero hay una cosa que también has mencionado, que va por encima de todo eso. Crisis, la palabra crisis. ¿Tendré dinero mañana para poder pagar la comida que mis hijos tienen que comer? ¿Tendré los recursos para poder resolver las necesidades básicas de nuestra familia en Puerto Rico? ¿Tendremos los recursos necesarios para poder no estar en deuda y poder cumplir con mis obligaciones familiares y con mis obligaciones de educación y de salud para mis hijos? Eso se está cayendo todo. Ese proceso se está cayendo. O sea, el dinero no va a estar ahí. El 20% que le van a quitar a los trabajadores, y a los trabajadores que son del gobierno, que trabajan para la administración pública, ese 20% va a doler, va a doler. El pueblo está endeudado. ¿Por qué? Porque se ha empeñado, se ha dirigido a este pueblo a que aprenda a endeudarse. No se ha enseñado a este pueblo a que viva sin deudas, sino a que viva con deudas. Porque cuando uno tiene honor y es responsable, uno quiere cumplir con lo que debe, ¿verdad? Pero aquí se ha, pues..., la gente no se puede sublevar, no se puede levantar. ¿Por qué? Porque tienen los problemas personales que tienen, tantas deudas, tantos problemas. ¿Qué van a hacer cuando no puedan cumplir con todos esos compromisos? Esto no ha sucedido solamente en Puerto Rico. Yo sé, estas situaciones prerevolucionarias se dieron en Cuba. En Cuba, en el 1950, en la década del '50, era bien degenerado y en todos los sentidos de la palabra, económicamente, moralmente, Cuba, verdaderamente, le decían la París de América, por todo lo que se vivía en esa Isla en aquella época.

JET- Y aquí tenemos una circunstancia parecida.

FOR-Parecida o peor. Parecido porque tenían el azote del narcotráfico, que eso no lo tenían en Cuba...

JET- La versión de la Mafia.

FOR-Oh, que es mucho, que eso profundiza el problema en Puerto Rico. ¿Entiende? Entonces, la corrupción que había en Cuba, aquí es peor. Aquí la corrupción es increíble, porque la corrupción ha alcanzado los niveles más increíbles, se ha masificado. La corrupción masificada. Porque aparte de todos esos individuos que se nutren, que se meten tanto dinero en los bolsillos, que se lo roban, ¿entiende?, pero también la corrupción ha creado un problema en el pueblo, que todo el mundo quiere vivir de algo. Entonces se inventa algún tipo de mecanismo, para tumbar chavo, como dicen por ahí, O, mentira, para poder hacer cosas que le devenguen algún dinero, ¿entiende? que está fuera de la ley, pero lo levantan y se lo hacen.

JET- Ojeda, sobre el tema de la independencia, para cerrar este asunto. ¿Será posible la independencia como resultado de una expresión mayoritaria del pueblo de Puerto Rico o será una condición que será controlada por un grupo pequeño de personas que lleven el país a esa condición?

FOR-Bueno, yo no creo que un grupo pequeño de personas pueda conducir al país en esa dirección. Yo creo que tiene que ser, que el pueblo pequeño, que ese grupo pequeño, pueda movilizar al pueblo grande para que el pueblo grande reclame la independencia. Yo creo que eso sí se puede dar. O sea, un movimiento revolucionario, un partido, una organización, se gane el apoyo del pueblo y cuando se gane el apoyo del pueblo, el pueblo se moviliza y ese pueblo es el que gana la República, gana la independencia, pero es un pueblo movilizado, quizás, bueno, movilizado por un grupo pequeño, pero el rol del grupo pequeño es movilizar al pueblo. Si no moviliza al pueblo, no existe la posibilidad de que triunfe, porque sin el pueblo no se puede triunfar. Eso es absolutamente imposible. En otras palabras, que si... ese movimiento pequeño, ese grupo pequeño, tiene que tener la capacidad de insertarse en todo el proceso revolucionario, todo el proceso social en Puerto Rico; tiene que tener la capacidad, forjar y trabajar en esa dirección para crear la capacidad de insertarse en todos los sectores sociales que sí son los que van creando las condiciones que puedan transformar las exigencias que se hagan, las movilizaciones, la educación. Y hay otros mecanismos que se deben crear, educativos. Eso que me decías anteriormente, se tiene que crear, se tiene que forjar un movimiento de educación hacia la independencia.

JET- Entramos en la parte final de nuestro diálogo con Filiberto Ojeda Ríos. Ojeda, vamos a abundar un poco acerca de lo que significa el futuro de la lucha independentista en Puerto Rico. Vamos a hacer una evaluación acerca de las tres estrategias de lucha, la lucha por vía electoral, la lucha cívica, y la lucha desde el clandestinaje. Vamos primeramente con la electoral. Con las circunstancias con las cuales ve usted que está el país, por las experiencias que se han tenido, ¿qué futuro le ve usted a la lucha independentista por la vía electoral?

FOR-José Elías, como te dije anteriormente, yo no creo en la lucha electoral para lograr la independencia de Puerto Rico, para lograr la independencia de Puerto Rico, y en esto quiero ser bien claro. A través de la lucha electoral no se logra la independencia de Puerto Rico. Pero no quiere decir eso que no se puedan lograr otras cosas que son muy importantes. Y son importantes, incluso beneficiosas para la lucha, que pueden ayudar a generar alguna lucha, fomentar... O sea, yo veo un partido, una organización que esté involucrada, cien por ciento, como una organización electoral, que sea en ese lugar donde está, que sea radical. Que haga los planteamientos, en el marco de esa legalidad que están defendiendo, pero que haga los planteamientos que sean radicales, que sean siempre cónsonos con los intereses del pueblo, que no modifiquen absolutamente nada, y que luchen por los intereses del pueblo, que lleven las contradicciones, que lleven los problemas que el pueblo sufre, que agite sobre los problemas que el pueblo sufre. Ahora mismo, con esta situación que se está creando, yo vería una organización independentista, que esté en la Cámara de Representantes, al margen de la Cámara de Representantes, hablándole al pueblo en la calle. Esos mismos líderes hablándole al pueblo en la calle, organizando mítines en la calle y diciéndole al pueblo en la calle lo que van a sufrir y lo que está pasando en esa Legislatura, de la cual ellos son parte, pero que no son, no son integrantes..., o son integrantes... o no son parte, no sé cómo ponerlo exactamente. Pero el caso es que yo creo que el rol no puede ser ése que están llevando a cabo ahora mismo, peleándose por unos fondos, peleándose por esto, y además con unas luchas ahí de quién manda en la... quién es el que asume la presidencia del Senado, donde, independientemente, pues, los independentistas se tienen que ver involucrados en eso también porque ellos son parte del Senado, por lo menos la compañera que está allí. Pero, sí, siempre he entendido que un partido independentista, en un sitio como la Cámara de Representantes, o de la Asamblea Legislativa, tiene que ser radical en sus planteamientos y que verdaderamente su radicalismo lo lleve a la calle. Que no se quede allí, porque allí no hace nada. Cuando tienen oposición, esos son sordos, tienen los tapones puestos en los oídos, no escuchan absolutamente nada. Tienen que tirarse al pueblo y hacerle llegar el planteamiento de oposición radical para que vean que la única alternativa sería la independencia. Pero entonces tienen que hacer ese trabajo de manera muy organizada, y tienen que masificarse y organizar intensamente para movilizar a sus cuadros a que hagan eso.

JET- De hecho, es la única estructura independentista que tiene representación por cada municipio. Se supone que tiene gente destacada en cada sitio como para poder hacer eso.

FOR-Exactamente, y no; reciben fondos estatales para poder hacer eso. Sabes, que eso es precisamente lo que yo creo que sería poner a buen uso ese dinero y esos privilegios que están gozando ellos en esos lugares donde están. Ponerlos a funcionar de esa manera, llevando la voz de la libertad y la crítica y condenatoria de lo que está sucediendo en el país y en la misma Asamblea Legislativa.

JET- Es inevitable, Ojeda, que tengamos, de paso, que hablar de la figura de Rubén Berríos en este momento histórico, en esta etapa de la vida de él. ¿Cómo ve usted el rol que debe desempeñar Rubén Berríos en aras de la independencia para el País?

FOR-Bueno, yo creo que Rubén ha rendido en el pasado alguna, ha tenido alguna, ha tenido actos positivos que le ha ofrecido al pueblo. Yo creo que, por ejemplo, algo loable es lo que él hizo en Vieques. Yo creo que eso es algo digno, yo creo que eso fue bastante positivo, aún cuando no fue solamente el Partido Independentista, porque realmente esa lucha fue muy generalizada y no fue del Partido Independentista estrictamente. Pero no se puede minimizar tampoco su actitud y creo que fue patriótica. Y eso hay que respetarlo. Pero yo creo que hay una serie de situaciones con el compañero Rubén que no son constructivas. Porque, por ejemplo, las críticas que se le hacen a otras organizaciones. Mire, resuelva ese problema, con quien usted tiene el problema ideológico, reúnase con él y vamos a discutir ideológicamente estas diferencias que tenemos. No se hace rechazando la discusión política. Si él tiene un problema o alguien tiene un problema, que se sienten ellos a discutirlo, así lo haría yo. A mi me encantaría, yo tengo un problema con cualquiera, me gustaría, me encantaría, sentarme a discutirlo políticamente con él. Pero yo no puedo tirarme a la calle a condenar de la manera ofensiva que se hacen esos planteamientos, porque eso no es conducente a nada positivo, eso no es constructivo, eso no ayuda al pueblo, no lo forma, no le da una confianza. Es más, desmoraliza al pueblo. Porque lo que hace es decir donde estamos nosotros, que está pasando con nosotros los independentistas, que en buena medida es lo que ha sucedido. Bueno, pues, me da muchísima pena que esas cosas sucedan, porque indiscutiblemente, personas brillantes, de mucha inteligencia, pero es un problema de clase.

JET- Por otro lado, la lucha cívica, ¿cómo la ve usted encaminada en este preciso momento histórico, en medio también de la crisis?

FOR-Yo creo que lenta. La veo lenta porque las condiciones que hay ahora, si hubiera un liderato, vamos a decir, unos sectores independentistas que estuviesen con el pueblo y con esos sectores de la sociedad civil, que llaman sociedad civil, yo creo que, bueno, es el pueblo. Yo no entiendo porque lo llaman sociedad civil, ahora de momento.

JET- De la sociedad civil quiero hablar con usted más adelante. Porque se ha hablado muchísimo acerca de eso. Se ha popularizado mucho la idea de la sociedad civil, después de la lucha de Vieques, y parecía ser un ente muy grande. Pero, bueno, y aprovechando que estamos hablando de esto, ¿verdaderamente hay algo que podamos nosotros depender, la confianza de que va a adelantar algo importante para el país, depender de esa llamada sociedad civil?

FOR-Bueno, es que yo no puede identificar una sociedad civil sino como pueblo. El pueblo, para mí, es el que tiene que tirarse a la calle, es el que tiene que hacer las reclamaciones. Y para que haga eso necesita personas que lo ayuden a comprender y que le ayuden a organizarse ¿entiende? Y además, que aprendan de ellos también, porque el pueblo sabe más que, a veces, el que va a organizarlo. Y que entonces, conjuntamente, se lancen a hacer las reclamaciones, enérgicamente y con todo derecho, que tienen que hacer. Eso para mí, la sociedad civil, poniéndolo en términos tan..., como un grupo acá, que es la sociedad civil, con un grupo allá. No, no, eso se está utilizando de una manera que yo creo que no es la más correcta y creo que está desviando, mucho, el contenido. Porque se hace creer que la sociedad civil está haciendo algo, cuando realmente, no es la llamada sociedad civil, para mí es el pueblo. Si el pueblo no lo hace, es un grupo de personas quien está haciéndolo. Llamarle a ese grupo de personas sociedad civil, yo no sé exactamente. Yo no me siento todavía tan confiado de que eso es real, no me siento confiado de que eso es verdad. Tengo algunas reservas con el término.

JET- Y obviamente, el término de lucha armada, ¿todavía tiene vigencia, a juicio suyo, Ojeda?

FOR-Mientras Puerto Rico sea colonia la lucha armada tiene vigencia. Mientras Puerto Rico no sea libre, mientras Puerto Rico viva la opresión que está viviendo, mientras los puertorriqueños estemos sufriendo de toda esa represión política, en lo ideológico, en lo cultural, que hemos sufrido de parte de los colonialistas, la lucha armada es vital y es importante. Ahora, ¿cómo se hace la lucha armada? Eso es harina de otro costal. Porque ni somos locos, ni somos aventureros, ni somos foquistas, ni somos... Somos personas que tenemos un, creo, a mi juicio, yo creo que tenemos un buen sentido de raciocinio para poder comprender cuándo la lucha armada se tiene que desarrollar, y cuando no. Cuando se hace algo que tenga esas características y cuando no. Pero la lucha armada, en una colonia, está vigente en todo momento. Lo único es que hay que hilar fino, muy fino, porque la lucha armada no tiene nada que ver, por ejemplo, digamos, con terrorismo. La lucha armada tiene que ver con muchos factores que van conduciendo hacia ese desarrollo. No es algo que surge de momento, pero sí va poco a poco desarrollándose. Hay lo que los vietnamitas llamaban propaganda armada. Eso es una concepción muy fina, muy refinada, de carácter político. La lucha armada analizándose dentro del concepto de propaganda armada, que no es una cuestión de que estamos haciéndole frente a un enemigo. No, no, es otra cosa. Cada acto que se hace tiene un objetivo político. Cada situación, cada actividad que se genera, de carácter armado, tiene que tener un propósito político muy concreto y muy específico, ¿entiende? Y la mayor parte de ellos, son como decía Fanon, descolonizadores. Tienen que estar orientados a la descolonización ideológica del pueblo. Por eso es que se llama propaganda armada, para que pueda ir ampliando y captando y enseñando que el pueblo no le tenga miedo, no le tenga temor, que ese sea un recurso, pero que tampoco es suicida. Tampoco es lanzarse contra un enemigo, que uno sabe que va a destruirse el movimiento armado que tengan. Eso hay que tener mucho cuidado cómo se va generando eso. Hay que tener paciencia. Hay que tener una paciencia extraordinaria para poder desarrollar el tipo de lucha y no puede estar desvinculado nunca, nunca, de los intereses genuinos del pueblo. Nunca puede estar desvinculado de los verdaderos intereses del pueblo; de las necesidades del pueblo. ¿Por qué? Si se funciona al margen de esas necesidades, entonces no es un movimiento revolucionario legítimo, sino que es algo que tiene visos dictatoriales o de imposición, como si fuera un golpe de estado. Ese tipo de cosa no, no. Revolucionariamente, eso no es el tipo de cosas que nosotros predicamos en términos de lucha armada, sobre lo cual, hay que hacerlo de una manera científica, cuidadosa y que vaya desarrollándose como un proceso.

JET- Ojeda, la última vez que usted y yo conversábamos, estaba el tema de Vieques, todavía en vigencia, y usted ha hablado en aquel momento, que el Ejército Popular Boricua era la retaguardia revolucionaria de la lucha en aquel momento. En el presente ¿de quienes son actualmente ustedes retaguardia revolucionaria?

FOR-Nosotros en estos momentos, podemos decir que somos retaguardia del pueblo. Y que, independientemente, hay una interacción entre sectores del pueblo con nuestra organización y que el aspecto clandestino también es algo bien importante, porque hay muchas personas que confunden lo que es el clandestinaje. Y en Puerto Rico, se puede ser clandestino estando en el Capitolio. Se puede ser clandestino estando en el FBI. Se puede ser clandestino estando en cualquier lugar, en cualquier lugar de Puerto Rico, pero donde se está, se está sirviendo a la Patria a través de un movimiento revolucionario, que tiene esas características. Y además, clandestino también es que puede uno organizar lo que tenga que organizar dentro de una dinámica de silencio donde nadie tiene que estar diciendo 'Yo soy machetero', 'soy esto', 'yo soy lo otro'. Sencillamente hace un trabajo, ¿entiende? en cualquier lugar de Puerto Rico, en cualquier lugar de cualquier municipio, en cualquier lugar de la Isla, puede estar trabajándose en torno a algo concreto, que tiene características revolucionarias de nuestra organización y que está dentro de los marcos de una línea ideológica. Y eso hay que hacerlo con mucha sabiduría, con mucha paciencia, con mucho cuidado, y verdaderamente tratar de ser lo más científico en la elaboración de los trabajos que se hacen para que eso se pueda llevar a cabo con mucho cuidado. Nosotros tenemos un enemigo, el peor enemigo que ha tenido ningún pueblo en la historia, el peor lo tenemos nosotros.

JET- Ojeda, nosotros hemos estado observando cómo en los últimos años ustedes han estado más activos en el señalamiento público sobre diferentes circunstancias que vive el país y la necesidad de crear conciencia de cuáles deben ser los verdaderas frentes de lucha del país. No obstante, ha pasado mucho tiempo sin que se conozca de un acto político de ustedes. Le pregunto si al igual que otros movimientos parecidos a los orígenes del Ejército Popular Boricua que se han dado en otras partes de América Latina o del mundo y comenzaron con una visión armada, el Ejército Popular Boricua está en un proceso de evolución para convertirse en un movimiento más focalizado en aspectos de creación de conciencia, mientras tanto, manteniendo la lucha por conducto del clandestinaje.

FOR-Es una combinación de todas estas cosas que has planteado. Y yo te diría que definitivamente sí hay una vinculación nuestra con los hechos, con la situación, con la realidad nacional, de alguna manera tenemos que buscar algún tipo de vínculo con la realidad nacional. Tenemos que buscar trabajar en la dirección unitaria, como podamos, dentro de nuestras circunstancias particulares, porque creemos que la unidad es fundamental, aunque tenemos una visión de lo que es la unidad un poquito diferente a lo que muchos otros sectores tienen. Nosotros creemos en la unidad desde la perspectiva de que quien realmente decide la unidad es el pueblo, porque cuando el pueblo encuentra un sector político que está desarrollando una visión política correcta, que está en el marco de su propio pensamiento, se va uniendo en torno a ese proceso. Y entonces, como consecuencia de ellos, de esa situación, se va movilizando y haciendo actos, que van entonces forzando una situación unitaria dentro de otros sectores políticos para que se vayan uniendo también a ese proceso. Eso lo hemos visto en muchísimos lugares, en muchísimas revoluciones en el mundo. Ese proceso de unidad, pensamos que la unidad es el pueblo el que la define. ¿Cómo la define? Porque es una organización que va desarrollando unas líneas políticas en las cuales el pueblo puede creer. Y que le crea. Y que sean objetivas, y que sepa claramente que son favorables para él, y que no son suicidas, que sencillamente son muy organizadas en términos generales. También, por ejemplo, hay unas experiencias..., ¿usted conoce el movimiento zapatista? El movimiento zapatista estuvo 15 años sin hacer nada, organizándose, organizando a los indígenas, moviéndose, para poder llevar a cabo el mensaje de reclamación de derechos que tenían todos los indígenas en esa zona de México. Quince años, hasta que por fin tomaron una decisión. Llegó el momento. ¿Cuándo llegó el momento? Cuando ellos se sentían con la fuerza suficiente para poder lanzar, dar unos pasos concretos en la dirección que hicieron, verdad. Independientemente de lo que haya sucedido posteriormente. Eso fue lo que los llevó a ellos. Nosotros, tenemos que tener mucho cuidado en Puerto Rico. Tenemos dos países, uno Vietnam. Vietnam, lo que la gente conoce de Vietnam es lo que sucedió cuando Lindon Johnson y cuando la guerra. Pero nadie sabe, muy pocas personas saben qué pasó desde el 1930 y pico, cuando empezaron a organizarse. Qué pasó cuando lucharon contra los franceses, cómo se organizaron contra los franceses, qué tipo de movimiento fueron desarrollando contra los franceses, en qué forma levantaron sus ejércitos.

Claro, todo ese proceso tan complejo, de tantos y tantos años de sacrificios, callados, silenciosos, trabajando arduamente, con un sentido de confianza y de seguridad de que sí va caminando y va adelantando. Eso es lo importante. Y nosotros sí, bueno, pues, los mensajes míos de vez en cuando, como ahora, están orientados en una dirección, tratar de esclarecer algunos puntos, como con las preguntas que tú me haces y en esa dirección, eso es lo que más o menos puedo explicar.

JET- Antes de cerrar nuestro diálogo, Ojeda, yo quisiera hablar con usted acerca del tema de la guerra en Irak y la guerra de Irak en el marco de la lucha internacional contra lo que Estados Unidos ha declarado la lucha contra el terrorismo. En esa guerra de Irak han muerto más de una treintena de puertorriqueños. Mientras tanto sabemos, y siempre cuando hacen mención a esta estadística, siempre recordamos de las decenas de miles iraquíes inocentes que también han muerto en este proceso. Pero, de inmediato, aquí nosotros en Puerto Rico miramos la participación nuestra allá, las consecuencias que eso ha acarreado. La guerra parece que va a continuar, pese a que en estos momentos es una guerra perdida. ¿Qué ve usted en el futuro de la participación nuestra, o sea, a raíz de esta participación, que ahora se trata de soldados voluntarios, que entraron voluntarios al Ejército y la Guardia Nacional y los han enviado allá; como resultado de esto que está sucediendo en Irak?

FOR-Fíjate, José Elías, yo... para entrar en ese punto específicamente, tengo que hacer un comentario de algo que está sucediendo en Puerto Rico, cómo se recluta, se va a reclutar en las escuelas, a los jóvenes, a los niños prácticamente, para que entren en el Ejército de Estados Unidos. Eso es algo bien degenerado, bien abusivo, que hay que combatir. En ese sentido, vamos a decir, hay algunas organizaciones que el mismo Partido Independentista ha ido desarrollando, algunas actividades, para luchar contra eso. Y eso es fundamental. Ahora, lo de la guerra de Irak en sí, eso es una guerra creada, impulsada por unos intereses muy particulares, intereses norteamericanos, y por unas pretensiones estratégicas del gobierno de Estados Unidos. Que están combinadas con todas unas estrategias geopolíticas para la zona del Medio Oriente. Por ejemplo, no se puede separar a Israel de la guerra de Irak, como no se puede separar al Líbano, no se puede separar a Siria, no se puede separar a Irán. Yo no sé si tienes conocimiento de los millones de barriles de petróleo que tiene Irán en sus reservas. Alcanza 220,000 millones de barriles de petróleo, Irak. Irán tiene 200, ó cerca de 300,000 millones de barriles de petróleo de reserva, bajo, en su subsuelo. Estados Unidos, ¿sabe cuánto tiene? 20,000 millones. Se está agotando la reserva de Estados Unidos de petróleo. Se está agotando. ¿Qué quiere decir esto? Estados Unidos, que tiene una industria que está creada sobre la base de energía, que tiene el petróleo como el recurso para desarrollar esa energía. Necesita, entonces, expandirse, buscar la forma de tener un control sobre ese petróleo. ¿Qué es lo que los lleva a ellos a Irak? El petróleo, no hay mas ná', es el petróleo. ¿Qué es lo que los lleva a ellos a tener esa tendencia tan agresiva contra Irán? Se les va a salir el tiro por la culata, porque si van mal con Irak, imagínate lo que va a suceder con Irán, si se atreven a meterse ahí. Hasta con el mismo Siria. Entonces, lo que los lleva a ese país es una política criminal de saqueo y de robo, se quieren quedar con el petróleo del Medio Oriente, lo quieren controlar. Ven el peligro de perderlo. Con Irak, lo tenían perdido con Hussein. Con Irán lo tienen casi perdido con el nuevo presidente, que es más radical que el que tenían, no me acuerdo el nombre bien, es un nombre un poco complejo de mencionar. Pero esa es la realidad del problema. A eso, ¿qué hacen? Han llevado la guerra más criminal y más abusiva y más sucia que se puede llevar a un pueblo. Bueno, con la excepción de la de Vietnam. Lo que hicieron en Vietnam fue horrible.

JET- Pero fíjese, esa guerra se perdió. Ésta ya anda en las mismas condiciones. Pero, ahora es también, al igual que en el caso de Vietnam, el uso de puertorriqueños en eso.

FOR-Ese es el problema, que nosotros tenemos que eliminar esa posibilidad. Nosotros tenemos que salvar a nuestro pueblo de eso. ¿Cómo lo podemos hacer? Bueno, tenemos que hacer un trabajo muy intenso aquí en Puerto Rico. Primero para sacar a todos esos reclutadores, que se eliminen los reclutamientos. Además, para que el pueblo comprenda y que el pueblo entienda que esa no es la vía y que esa no es la forma de obtener un empleo para ganarse al vida. Hay un ejemplo que se está dando ahora que es hermoso. Yo creo que esta señora que está haciendo una... está haciendo... piqueteando, lo está haciendo sola, al frente del rancho de Bush.

JET- Cindy Sheehan...

FOR-Cindy Sheehan. Esa señora le ha dado una demostración de dignidad al pueblo norteamericano increíble y entonces está sumando, está sumando. ¿Y qué sucede? Que mientras ella suma, Bush pierde apoyo. Entonces nosotros aquí en Puerto Rico, tú sabes, tenemos que aprender a comprender eso para que también eliminemos la posibilidad de que nuestros hijos vayan a pelear a ese país.

JET- De hecho, es interesante porque al igual que Sheehan lo está haciendo en Estados Unidos, en Puerto Rico también una madre de un soldado también encabeza el movimiento acá. Mientras tanto, los líderes políticos, Ojeda...

FOR-Pues claro, eso es algo que indigna. Eso es algo que indigna. ¿Tú sabes por qué? Porque no tienen el valor algunas personas de hacer lo que esa señora está haciendo, solita. Que se vayan al frente del Capitolio y haga una manifestación y se siente allí a bregar, con una... a rezar por su hijo. Y a llamar al pueblo a que la apoyen, a evitar que sigan matando puertorriqueños en esa guerra. Yo creo, que eso tiene que apoyarse. Esa señora es una heroína de este país. Esa señora hay que apoyarla, hay que darle todo el apoyo, y hay que movilizarla. Ella se llama Doña Sonia Santiago.

JET- La Dra. Sonia Santiago.

FOR-Sonia Santiago. Yo no recordaba por un minuto el nombre de ella. Pero es una señora de mucho honor, de mucha honra y de mucho amor por el pueblo, y naturalmente por su hijo. Y eso es una cosa increíble. Ella es un ejemplo. Y por lo tanto ese ejemplo hay que también darle apoyo. ¿Cómo se le da apoyo? Buscando la forma de llevar ese mensaje de ella a todos los lugares de Puerto Rico y además, manifestarse, levantar la gente con indignación para ir al Capitolio, ir a la Fortaleza, exigir que se elimine la posibilidad de que sigan reclutando y enviando a la Guardia Nacional a puertorriqueños. Esto es una deshonra. Esto que hizo éste, últimamente, el general de la Guardia Nacional, eso es una vergüenza. Este señor se le debe caer la cara de vergüenza; hasta dónde llega el lacayismo en Puerto Rico cuando hay personas que se atreven a hacer una cosa de esa naturaleza y no se sonrojan. Yo creo que esto es vergonzoso.

JET- Ojeda, antes de cerrar nuestro diálogo, hemos visto cómo se ha incrementado toda la discusión a nivel internacional, aquí en Puerto Rico, sobre el tema del terrorismo. ¿Cómo ve usted que ha ido evolucionando, por no decir mutando, la lucha contra el terrorismo?

FOR-Bueno, yo siempre, ya lo he manifestado en varias ocasiones, que el terrorista más grande que ha existido en la historia es el gobierno de Estados Unidos. Terrorismo de Estado, pero de eso no se habla, o sea, personas que toman las decisiones en Wáshington de mandar aviones B-52 a tirar napalm sobre un pueblo indefenso, donde los queman, los aniquilan, los envenenan. ¿Pero cómo es eso? ¿Cómo no se piensa en eso como terrorismo? Uno de los terrorismos más grandes lo que han hecho con ese pueblo. Cuando practicaban aquí con el Agente Naranja y lo tiraban allá en Vietnam para destruir a esos seres humanos, donde están deformados, están quemados, ¿cómo es posible que no se piense que eso es un terrorismo? Y no quiero hablar de la bomba atómica en Hiroshima y

Nagasaki, donde murieron tantos y tantos miles, decenas de miles de seres humanos.

JET- ¿Y en el presente?

FOR-En el presente, yo creo que... ¿Te refieres a lo de Hiroshima y Nagasaki?

JET- No, me refiero en cuanto a la misma guerra, lo que está sucediendo en Irak y los diferentes frentes.

FOR-Ah, exactamente. Son tan terroristas, fíjate José Elías, para qué sirven los medios de comunicación, estos medios, CNN y eso, de convertir la guerra en algo que se puede ver en televisión comiendo pop corn, ¿sabes? ¡Qué vergüenza! Cuando se ponen esos aviones, destruyendo esa ciudad de Irak, toda esa destrucción que hicieron sobre esa nación, cuántos mataron, miles y miles y miles de personas de Irak, mujeres y niños, ancianos han sido muertos a manos de los aviones, de las bombas norteamericanas, de eso no hablan. Ahora, cuando le matan cuatro soldados, entonces ponen el grito en el cielo y le llaman terroristas, pero entonces se olvidan del crimen, el robo horrendo contra el pueblo de Irak, en todos los sentidos, porque no es solamente bombas, ¿entiende? Los torturan, los matan, los capturan y los matan. Las torturas esas que hicieron en Abu Grahib, ¿entiende? Como lo que han hecho en la Base de Guantánamo. Todo eso es increíble. Como han bregado. Eso es terrorismo de verdad, porque ese el terrorismo más criminal, más asqueroso, que ha habido en la tierra.

JET- Ojeda, no quiero cerrar el tema y nuestro diálogo sin preguntarle algo sobre el tema del Puerto de Trasbordo que está programado, proyectado, para establecerse en Ponce, como un mecanismo económico para poder generar una economía sin que necesariamente se siga dependiendo de los Estados Unidos. Sino aprovechando por primera vez nuestra localización estratégica y en el Caribe para nuestro beneficio. El proyecto está en estos momentos en un letargo, donde inclusive no se sabe si eso finalmente se logre. ¿A qué usted atribuye que finalmente el proyecto, que tenía esos visos cuando Churumba Cordero así lo estaba impulsando, que ahora haya sucedido esto?

FOR: Primero, tengo que decirte que, para mí Churumba Cordero, independientemente que fue un Popular, para mí que tenía visos de patriota. Porque Churumba Cordero era una persona que pensaba en su pueblo todo el tiempo, que inclusive siempre estaba preocupado por las cuestiones de soberanía, siempre estaba haciendo declaraciones con relación a la soberanía. Yo, realmente sentía, he sentido siempre, mucha simpatía por Churumba Cordero. Yo creo que lo he expresado en otras ocasiones de esta manera y lo sigo reiterando de esa forma. El Puerto, yo creo que a quien no le conviene que se lleve a cabo el puerto, primero hay varias fuerzas que están luchando aquí. Son intereses económicos. ¿Quiénes dominan, quiénes controlan el Puerto, por qué y para qué? ¿Dónde van a sacar más dinero con ese Puerto? ¿Qué es lo que pretende esta gente, cómo lo pretenden controlar, cómo lo detienen, cómo lo paralizan? Con todas estas situaciones, ¿a quién le conviene que no se lleve a cabo el proyecto del Puerto? Yo creo que no les conviene, en primer lugar, a los americanos. ¿Por qué? Porque este es un proyecto que de llevarse a cabo, realmente sí tendría un aspecto positivo para Puerto Rico. Si lo miramos objetivamente, el Puerto sí pudiera tener efectos positivos para el pueblo de Puerto Rico. Y particularmente para la zona de Ponce y las zonas circundantes a Ponce, Guayanilla, Peñuelas, Juana Díaz, Guánica, Coamo, etc., que podría beneficiarse. Además, el resto del pueblo también se vería beneficiado con el Puerto. Yo no conozco los detalles de lo que está pasando con el Puerto. No los conozco. No me aventuraría a hacer una exposición sin conocer los datos más profundos, las contradicciones que se van generando, con la excepción de que sí sé que hay unas luchas económicas entre varios sectores.

JET- Ahora, que no se pueda dar, ¿a qué entonces pueda obedecer?

FOR-Bueno, que no se puede dar es que no hay interés real, genuino, a que se lleve a cabo por algunos sectores, y que el gobierno norteamericano tampoco le convenga que se haga el Puerto en Ponce.

JET- Ojeda, para cerrar nuestro diálogo en esta ocasión. Ya han pasado 15 años de que usted está en el clandestinaje, desde que usted se desprendió del grillete y lo dio a conocer un 23 de septiembre. ¿Qué ha significado esa lucha desde el clandestinaje quince años después?

FOR-Te puedo decir, José Elías, que sobre todo, mucho, mucho sacrificio. Pero también, mucho trabajo, porque prácticamente se ha tenido que comenzar de nuevo a organizar la lucha clandestina en nuestro País, la lucha de los Macheteros. Y crear una organización, cuando ya prácticamente todo había sido destruido. Eso pues, nos creó dificultades porque los primeros años fueron increíblemente difíciles y muy fuertes. Por ejemplo, yo tuve momentos en los cuales el apoyo era extremadamente limitado. He tenido que vivir en montes, durante meses, sin albergues. Han sido situaciones un poco difíciles hasta que posteriormente sí comenzamos a desarrollar una base logística para recomenzar nuestro proceso de lucha y reorganizativo.

JET- Cuando usted habla sin albergue, ¿es a la intemperie?

FOR-Es a la intemperie. O sea, que verdaderamente hubo momentos que lo más prudente era estar totalmente fuera de contacto, con ninguna persona conocida, hasta que tanto uno pueda medir los movimientos del enemigo, cómo se estaban dando esos movimientos. Ahora, sí teníamos naturalmente nuestros contactos, que se encargaban del aspecto logístico, del abastecimiento, etc. y con eso estuvimos bregando. De hecho, en el 2000 hubo una señora en el *New York Times* en Estados Unidos que escribió un artículo sobre mi persona y entonces, entrevistó a la que era jefa del FBI en Puerto Rico, Marlene Hunter. Y ella expresó unas ideas sobre cómo yo me movía. En algunas cosas eran correctas y otras cosas no eran correctas, pero más o menos, puedo decirte que sí, el sacrificio ha sido bastante duro. Y sobre todo, lo más duro para mí en todo ese proceso, y como los procesos anteriores, fue la separación de mis hijos, mis nietos, que esos no los puedo ver, esos están fuera de mi alcance, porque yo sé que ellos están siendo vigilados todo el tiempo, por lo que quiere decir que yo no puedo hacer contacto con mi familia, tengo que estar totalmente separado de mi familia. Y todo eso son cosas difíciles. Pero no han sido limitaciones que no han sido insuperables, en términos de la organización y del desarrollo.

Siempre ha habido respeto por el tipo de lucha que yo he ido desarrollando y siempre los contactos fueron rindiendo frutos. Poco a poco fuimos desarrollando y yo me atrevo a aseverar que la cosa es muy diferente hoy en día a 16 años aproximadamente de ese momento.

JET- ¿La gente entiende, al cabo de este momento, Ojeda, su lucha? ¿Qué significa estar en el clandestinaje, como un mecanismo de lucha?

FOR-Sí, la gente lo comprende porque nosotros hemos escrito bastante y hemos desarrollado también formación interna donde hemos llevado documentos, se han discutido, y se ha ido enseñando, se ha ido formando y la gente lo entiende. De hecho, se ha desarrollado el tema sobre el clandestinaje recientemente. Me imagino que ya saldrá publicado en algún momento. Pero, que explican con bastante detalle en qué consiste el clandestinaje en realidad. Si quieres, en algún momento te haré llegar copia de ese documento para que lo puedas leer y ver y, más o menos, entiendas. Hay muchas cosas que no me gusta hablar de ellas, no me gusta dar la información al enemigo, más de la que... Con cualquier información que uno dé, es una información demás. Yo me cuido mucho de eso.

JET- Le pregunto sobre esto porque la gente, lo que puede pensar que simplemente una persona anda escondido del gobierno de los Estados Unidos, punto y se acabó, tantos años, pero eso tiene un significado. Y a medida que va pasando el tiempo el significado tiende a ser de mucho más peso.

FOR-Bueno, eso es una equivocación. El que piense eso no conoce lo que es ser un revolucionario, ¿entiende?, porque yo no estoy escondido. Yo estoy trabajando constantemente, tratando de hacer todo lo que yo pueda para organizar y haciendo lo que se requiere dentro de la organización. La organización va creciendo cualitativamente y va creciendo cuantitativamente. En ese sentido, estoy muy satisfecho, yo creo que el alcance en estos momentos de nuestra organización es bastante amplio.

JET- Ojeda, ¿ha valido la pena este sacrificio, aún cuando no se haya alcanzado la independencia a este momento?

FOR-Para mí ha valido la pena. Ha valido la pena porque siento que, primero, que he sido útil a mi Patria y yo, hay personas que hablan... Por ejemplo, yo escucho mucho a Rafael Cancel Miranda. Creo que es un extraordinario patriota. Pero él dice, 'Bueno, no ves a tus hijos, pero tus hijos son todo el pueblo, ¿no? Tu familia es todo el pueblo, por lo menos él habla en términos de él personalmente, que cuando hace las cosas las haces pensando en su familia, porque su familia son sus hijos. Y yo me siento, realmente he podido comprender lo que quiere decir en realidad ese planteamiento que ha hecho en ocasiones y que yo he podido dar lectura, de Rafael Cancel Miranda, en el sentido de entender por qué la familia de uno no es solamente la que está viviendo, conviviendo con uno y que es sangre de uno, sino que es todo el pueblo. Pues, yo me siento satisfecho, feliz y esta es mi vida y la llevaré a su culminación como soy y rindiendo el mayor servicio real, revolucionariamente por nuestro pueblo.

JET- Ojeda, gracias por la oportunidad que nos ha brindado de dialogar sobre esta variedad de temas que hemos a bien discutido a lo largo de este periodo de tiempo.

Gracias, y ya veremos lo que sigue ocurriendo como parte de la trayectoria de esos temas que hemos discutido en esta ocasión. Muchas Gracias.

FOR-Bueno, el que tiene que estar agradecido en este momento, José Elías, soy yo, primero por tu valentía. Porque creo, independientemente, creo que ha sido, es un gesto muy valiente de tu parte poder estar, decidirte hacer este tipo de entrevista y yo, pues, lo agradezco. Igualmente, también quiero enviarle un saludo al pueblo, que aún cuando tengo mis limitaciones, nunca dejo, nunca pierdo contacto con mi pueblo. Siempre estoy bien pendiente a todo lo que está sucediendo. Estoy trabajando bien intensamente, intensamente trabajando para que todo este proceso se vaya definiendo, en favor de la independencia de Puerto Rico, sin alternativa, es la independencia de Puerto Rico por lo que luchamos. Y bueno, ese es el sentir que cargo y ese es el espíritu que llevo y creo que con eso iré a la tumba. Porque esa es mi vida. Gracias, José Elías.

Carlos Rivera Lugo

Cuando la trompeta suena... es porque sueños trae

Durante varios días la semana pasada, la emisora WPAB trasmitió por sus ondas radiales, originadas en Ponce, lo que a mi humilde entender fue la primicia noticiosa de la semana: una extensa y valiente entrevista de su Director de Noticias, José Elías Torres, con el Responsable Principal del Ejército Popular Boricua (Macheteros), Filiberto Ojeda Ríos. Y aunque prácticamente fue ignorada por el resto de los medios de comunicación, sobre todo en la Zona Metropolitana, la entrevista fue reseñada en la portada de *El Diario* en Nueva York y por la agencia española de noticias EFE.

A sus 72 años, Filiberto Ojeda Ríos ha sido desde Maestro trompetista hasta líder revolucionario clandestino. La entrevista antes mencionada, sin embargo, demuestra también como éste ha madurado hasta convertirse en un Maestro patriota con una visión estratégica harto necesaria en medio de tanta orfandad de ideas y propuestas realmente pertinentes para sacar al independentismo del atolladero histórico en que hace ya un tiempo se encuentra. Pues, su disertación en torno a una diversidad de temas fue realmente magistral.

Hacía tiempo que, en esta era mal llamada de lo políticamente correcto, no oía a alguien decirle al pan, pan, y al vino, vino, sin estridencias pero con firmeza y, sobre todo, con autenticidad. Uno podrá estar de acuerdo o no con sus apreciaciones, pero lo que no puede es ignorarlas. Si se hace, es al riesgo de dejar de considerar que, tal vez, tenga la razón y, conforme a ello, se habrá dejado de ponderar seriamente el alcance de sus señalamientos nada ligeros y abstractos.

La crisis

Habló de la crisis que se le viene encima al país. "Definitivamente esta crisis se venía venir", dice. Al pueblo se le está victimizando como consecuencia de esta crisis.

Aunque reconoce que existe mucha dependencia y mucha enajenación en Puerto Rico, advierte que hay, sin embargo, algo que va por encima de todo eso: la crisis. ¿Tendrá el pueblo los recursos para seguir proveyendo para las necesidades de su familia? El dinero no va a estar allí. Las medidas que pretende tomar el gobierno van a doler. Este pueblo vive endeudado. Se ha propiciado su endeudamiento. ¿Qué va a suceder cuando no se pueda cumplir con el pago de sus deudas?

La crisis, según el líder Machetero, es resultado de una crisis del sistema capitalista: "El capitalismo está de picada", sufre unos problemas extraordinarios y las alternativas se le van agotando. De paso, Filiberto llama la atención sobre el parecido de la actual situación con la Cuba prerrevolucionaria donde la corrupción, al igual que en Puerto Rico, era masificada.

La independencia como necesidad histórica

Sin embargo, toda crisis es a su vez una oportunidad. Ello no pasa desapercibido para Filiberto: "La crisis que viene es grave y la única solución es la independencia". De puro ideal deseado, se propone la independencia como necesidad, tal y como la caracterizó el Maestro Hostos cuando expresó: "La independencia de Puerto Rico es un derecho de necesidad".

Ahora bien, para Filiberto la viabilidad de esa independencia se ha potenciado a partir de la Revolución Bolivariana de Hugo Chávez Frías. Confiesa que siempre tuvo una enorme confianza en Chávez e insiste en que el mandatario venezolano está cambiando la situación en la América Latina. Destaca el hermanamiento de Venezuela con Cuba a través de la iniciativa chavista del ALBA (Alternativa Bolivariana para América Latina y el Caribe).

Filiberto se identifica como bolivariano y como tal ve el futuro de la Isla como parte de la América Latina. Y agrega: "Cuando Chávez habla de la Gran Patria Latinoamericana... ése es nuestro futuro. Pertenecemos por derecho propio. Ahí es que encajamos cultural y económicamente. Tenemos que romper todas las barreras para unirnos a ese proceso. Por ahí va la verdadera descolonización de Puerto Rico".

Para Filiberto, "Chávez es honesto y sincero como Fidel Castro. Lo que quiere es levantar a su pueblo y unificar a la América Latina. Sería un privilegio incorporarnos a ese proceso". Indica que la Venezuela de Chávez ya ha declarado su apoyo a la independencia de Puerto Rico.

Y es que mucho se habla en estos días de la crisis en todas sus ramificaciones y de las propuestas parciales que se hacen para su superación, todas las cuales cojean de la misma pata: la ausencia de una comprensión estratégica. Filiberto da así en el clavo: No hay solución si ésta no es estratégica, es decir, si ésta no va a la raíz del problema. Mientras unos y otros siguen dándole la vuelta a la noria con sus respectivos parches reformistas, la vida se está encargando de dictarle empíricamente al pueblo puertorriqueño su única opción para enfrentarse exitosamente tanto a su presente como a su futuro. Dicha opción es la descolonización e independencia nacional. Ésta surge así como una necesidad histórica. Sólo así, a partir de la afirmación de nuestro poder soberano, podemos empezar a potenciar en una nueva dirección la capacidad del país para garantizarse las condiciones materiales y espirituales de vida a las que aspira.

De paso, Filiberto califica al mentado CAFTA-DR (Central American and Dominican Republic Free Trade Agreement) como "una reverenda porquería" y las declaraciones en apoyo a la misma por parte de voceros del gobierno de Puerto Rico como encargos de la diplomacia estadounidense. Tanto el CAFTA-DR como el ALCA (Acuerdo de Libre Comercio de las Américas), promovidos por el gobierno de Wáshington, "son dos proyectos del fracaso... son inventos de un sistema en decadencia" que en nada beneficiarán a Puerto Rico.

El rescate de la patria requiere sacrificios

Pero para tomar el destino del país en nuestras manos, no hay atajos. Hay que superar el complejo de inferioridad que se nos ha inculcado: "Hay que crecer, hay que madurar, hay que superar el complejo de que no podemos valernos por nosotros mismos, de que sin los 'americanos' nos morimos de hambre. Hay que romper con eso y saber que valemos como cualquier pueblo".

Filiberto subraya que al pueblo lo desvían cultural e ideológicamente. "No piensa más que en el baile, la baraja y la bebida", lo que permite que sigan los que están en el poder. Y añade: "Pueblo que se divierte no conspira. Eso es verdad".

Dicho lo anterior, insiste en que para labrarse un nuevo futuro, el pueblo tiene que estar dispuesto a sacrificarse. Efectivamente, hay que despertar de esa borrachera festiva que nos impide reconocer que, lejos de ser un país desarrollado y rico, somos tan sólo una dependencia colonial tercermundista que vive más allá de sus posibilidades reales a costa de un monumental endeudamiento público y privado. Sin embargo, la realidad se va encargando de hacernos despertar a esta dura realidad, lo que nos impondrá la necesidad de hacer ajustes imprescindibles en nuestro modo de vida con tal de ponernos en condiciones de rescatar la patria sobre bases realistas. De ahí el imperativo dual lanzado con toda candidez por Filiberto: "No se puede pensar en otra cosa que la patria y el sacrificio... La libertad no se conquista sin sacrificio".

Claro está, la diferencia entre el llamado que hace Filiberto al sacrificio y el que ha lanzado el gobernador Aníbal Acevedo Vilá, es que en el caso del líder machetero, el sacrificio precisamente es en aras de forjar un nuevo futuro presidido por la libertad y la igualdad, mientras que para el primer ejecutivo éste es tan sólo un nuevo parche que pretende prolongar este orden político, social y económico desigual, desprovisto de la esencial libertad del pueblo para determinar libremente su futuro. Subraya Filiberto que lo que ofrece el Partido Popular Democrático (PPD), así como el Partido Nuevo Progresista (PNP) es más de lo mismo.

No hay que tirarle la toalla al reformismo

Cónsono con dicha apreciación, el dirigente independentista manifiesta una gran preocupación con el reformismo: "Los independentistas no tenemos que salvar a los que han hundido al pueblo de Puerto Rico. No hay que tirarle la toalla al Partido Popular y al Partido Estadista", advierte. Admite sentirse "incómodo con esas posiciones que se toman que terminan consolidando al PPD o al PNP".

Expresa cierta simpatía por el Movimiento Independentista Nacional Hostosiano (MINH), aunque seguidamente critica cierta "condescendencia de éste hacia el PPD". A ese efecto, le hace un llamado al MINH para que profundice en el análisis de los resultados de los vínculos con estos sectores políticos contrarios a la independencia del país.

Insiste en que hay que recuperar la capacidad de decisión propia del independentismo: "Nosotros no pensamos que la autonomía sea una solución, ni transitoria. Pero esto exige determinación y decisión, luchar de verdad por la independencia. Por eso admiro tanto a Albizu. No era ambiguo". Y es que "la autonomía no nos lleva a la independencia". No se sabe siquiera hacia dónde nos llevaría la autonomía y, más aún, de qué clase de autonomía se habla. En fin hay que tener cuidado con la continua "manipulación" del reformismo autonomista ya que, según reitera, "la independencia es la única solución".

Lares es de todos los que luchan por la independencia

Ahora bien, confiesa sentirse incómodo igualmente con que hayan unos independentistas tachando de traidores a otros independentistas: "No es correcto estar con eso de hablar de traidores. Pueden haber cometido errores pero es indigno llamar a estos compañeros traidores. Entre el independentismo eso no debe suceder... Eso de que el que traiciona la patria, vende a su mujer, me causó muy mala impresión. Eso no se hace. Eso es arrogancia de unas personas que tienen una forma de pensar incorrecta".

En particular, señala al presidente del PIP, Rubén Berríos Martínez por sus críticas "poco constructivas" a otros independentistas. "Que se siente con ellos a discutirlas" pues "lo que hace ahora desmoraliza".

Filiberto es igualmente crítico por la ausencia de una oposición independentista efectiva en la actual coyuntura: "¿Dónde está la oposición independentista? No hay una denuncia constante, no se organiza al pueblo. ¿Cómo es posible que un partido independentista permita que ocurran las cosas que ocurren en el país? Esto está llevando al pueblo a la ruina. No es debilitando la lucha que se resuelve esto".

Señala que las organizaciones independentistas deben estar insertadas activamente en el proceso actual por el que atraviesa el país. Los que deben estar haciendo algo constructivo en medio de la crisis son los independentistas. Hay que desarrollar la capacidad "para insertarse en todos los sectores sociales" y, sobre todo, "hay que crear un movimiento de educación hacia la independencia". ¿Quiénes son los que deben encargarse de dicho proceso educativo? A lo que responde: "Hay muchos que están capacitados para ello". Menciona, por ejemplo, al MINH, al PIP, al Frente Socialista, y subraya que "el tiempo apremia".

En cuanto a la controversia que se ha suscitado a partir de la ofensiva y sectaria consigna pipiola para la próxima conmemoración del Grito de Lares –"¡A Lares sin los populares!"– Filiberto afirmó que "nadie tiene el monopolio de Lares" y añadió que también a su organización se le ha pretendido en el pasado dar de codo. Al respecto puntualiza: "Toda organización independentista bona fide tiene derecho a ir a Lares. Yo le hago un llamado a todas las organizaciones independentistas a que se unan" en torno a la celebración del Grito de Lares pues "lo otro levanta ronchas entre las organizaciones independentistas".

"Hay que respetar que todos son independentistas", concluye y aclara que la división actual es responsabilidad del liderato ya que "la base lo que quisiera es la unidad".

Hacia una Asamblea Constituyente de la independencia

Filiberto no se hace de ilusiones. La independencia no será concedida por los 'americanos'. Difiere de la apreciación de algunos acerca de una pérdida de la utilidad militar de Puerto Rico para Estados Unidos. "Hay que tener mucho cuidado de que Puerto Rico no se convierta en punto de apoyo para atacar a otros países de América Latina" dentro de la actual coyuntura de cambios hacia la izquierda que se están dando en la región.

Sobre el tema de la Asamblea Constitucional de Status, tampoco guarda ilusión alguna. Considera que ello fue "una pérdida de tiempo extraordinario". Subraya que: "No se puede armonizar lo que no es armonizable. No se puede poner a un estadista, a un autonomista y un independentista a ponerse de acuerdo. Nadie va a ceder".

Entiende que el Partido Popular trató de manipular el tema en función de sus intereses ideológicos. Por eso en vez de hablar de Asamblea Constituyente, se habla de Asamblea Constitucional, para limitarla al marco estrecho de la Constitución del ELA. Filiberto insiste, en cambio, que lo que corresponde es encaminar nuestros esfuerzos en dirección a una Asamblea Constituyente, como la propuesta por Albizu, es decir, para organizar la independencia.

Hacia la construcción de una oposición radical

Si bien el líder machetero no cree en la lucha electoral para lograr la independencia de Puerto Rico, no descarta que mediante la misma se puedan "conseguir otras cosas beneficiosas para la lucha".

Concibe la pertinencia de una organización adelantando por esta vía la lucha tanto parlamentaria como extraparlamentaria: "Yo veo una organización luchando, por esa vía, a favor del pueblo, hablando no sólo en la Asamblea Legislativa sino sobre todo en la calle. Pero el rol no puede ser el de ahora... peleándose por unos fondos y luchando contra otros independentistas". "Un partido independentista tiene que ser radical en sus planteamientos. Tiene que llevar su posición de oposición radical al pueblo. Eso sería poner en buen uso los fondos estatales que recibe el PIP", agrega.

En cuanto a la lucha de la llamada sociedad civil, la ve lenta. Dice sentir reservas con el concepto y prefiere hablar de la lucha del pueblo.

Sobre la lucha armada apunta: "Mientras Puerto Rico sea colonia, la lucha armada tiene vigencia...Pero, ¿cómo se hace? Esa es harina de otro costal porque no somos locos ni aventureros. Hay que hilar fino, muy fino. La lucha armada no es terrorismo... Hay que tener paciencia para desarrollar este tipo de lucha, la misma no puede estar desvinculada de las necesidades del pueblo. Se tiene que desarrollar como un proceso".

Según Filiberto Ojeda Ríos, el Ejército Popular Boricua está vinculado a la realidad nacional y ha crecido durante los últimos 15 años, tanto cualitativa como cuantitativamente. Trabaja hoy hacia la consecución de la unidad revolucionaria del independentismo, desde la perspectiva del pueblo, pues se reafirma en la convicción de que dicha unidad la define el pueblo y no el liderato. No está ajeno a la evolución de otras organizaciones latinoamericanas análogas, tal como el Ejército Zapatista de Liberación Nacional.

El verdadero terrorista es el gobierno de Estados Unidos, "pero de eso nadie habla". "Los medios de comunicación han convertido la guerra en algo que se puede ver mientas se come popcorn. No se habla de los crímenes contra el pueblo de Irak, pero se matan algunos de los suyos y rápido gritan ¡terrorismo!", señala el Responsable Principal del EPB.

La guerra en Irak responde a una estrategia geopolítica de Wáshington para todo el Medio Oriente. La clave es el petróleo. Asegura Filiberto que se están agotando las reservas de petróleo de Estados Unidos. De ahí la necesidad que tiene de buscar controlar el petróleo y su guerra contra Irak y sus amenazas a Irán e, incluso, a Venezuela.

"Nosotros tenemos que salvar a nuestro pueblo de participar en todo eso", afirma.

La rentabilidad de los sueños

En fin, han pasado 15 años desde que se quitó el grillete y se lanzó nuevamente hacia el clandestinaje. Ello ha representado un gran sacrificio en lo personal, sobre todo la separación de su familia. Sostiene, sin temblarle la voz, que no obstante "ha valido la pena" pues siente que "le he sido útil a mi pueblo".

"Estoy trabajando intensamente porque todo este proceso desemboque en la independencia de Puerto Rico", expresa.

En fin, concluye el líder independentista: "Soy un soñador porque soy revolucionario". Y es que los revolucionarios se atreven siempre a soñar lo que los demás apenas sospechan que subyace bajo la superficie de una realidad continuamente oscilante entre lo que es y lo que debe o puede ser.

Claridad, Edición: 2741
1 al 7 de septiembre de 2005

Carlos Rivera Lugo

Diagnóstico y cauces

La propuesta de Filiberto Ojeda Ríos

Hoy, más que nunca, nos apremia al movimiento independentista intentar tan siquiera diagnosticar lo que está pasando en el entorno nuestro, para imprimirle aquel cauce que deseemos conforme a las posibilidades reales que encierren las circunstancias. En ese sentido, una de las más lúcidas... o mejor aún y dejándonos de chiquitas, la más lúcida lectura que se ha dado, en tiempos recientes, sobre esa interrelación dinámica entre nuestras circunstancias y el estado actual de nuestras conciencias individuales y colectivas en Puerto Rico, la hizo antes de morir el compañero Filiberto Ojeda Ríos, casi con un sentido providencial en ese entonces insospechado.

En el contexto de una amplia entrevista que le realizara durante el mes de agosto el Director de Noticias de la emisora ponceña WPAB, el compañero José Elías Torres, el líder Machetero desplegó un certero análisis de la coyuntura actual en Puerto Rico, y sobre todo de las debilidades y oportunidades que ésta encerraba en relación con el movimiento independentista. (Véase la reseña de dicha entrevista titulada "Cuando la trompeta suena... es porque sueños trae: Habla Filiberto Ojeda Ríos", aparecida en Claridad, edición del 1 al 7 de septiembre de 2005, páginas 6 y 7.)

Lamentablemente, en los días que siguieron, su propuesta pareció haberse recibido tímidamente, cuando no ignorada en su totalidad.

La crisis y el quiebre del capitalismo

En la entrevista, Filiberto Ojeda Ríos habló de la crisis que hoy vive el país y cómo ésta empieza a arrinconar al pueblo. Por encima de la dependencia y la enajenación que nos arropa por doquier, la crisis habrá de imponer inescapablemente su lógica desestabilizadora del statu quo. Habrá de golpear al puertorriqueño donde le duele a la conciencia: en el bolsillo, sobre todo ante su escandaloso endeudamiento. Entretanto, las pretendidas estrategias paliativas que se propone tomar el gobierno para enfrentar dicha crisis, sólo sirven para victimizar más al pueblo. Esa situación resulta insostenible.

El país anda a la deriva de orientaciones estratégicas nuevas, tanto en lo político como en lo económico, que nos salven de las nefastas consecuencias de las torcidas y estreñidas orientaciones de nuestros gobernantes insulares. El gobierno, pues, ha visto seriamente reducida no sólo su credibilidad y capacidad de convocatoria de antaño, es decir, su necesaria legitimidad, sino que también la posibilidad material de que pueda servir de gestor principal de la actividad económica del país en la actual coyuntura. Además, según el líder independentista, la crisis que se vive en Puerto Rico es el resultado de una crisis mayor, la del sistema capitalista.

Nuestra América ha estado dando testimonio elocuente en los últimos años de esta crisis estructural del capitalismo. El neoliberalismo ha provocado mayores desigualdades en la América Latina y una pérdida impresionante de sus fuerzas productivas propias. La tendencia a la profundización de las desigualdades ha contribuido, a su vez, a la inestabilidad política y a una seria crisis de gobernabilidad en la región.

Consecuentemente, las resistencias al modelo se han multiplicado por doquier y producto de ello, tanto el Estado como la economía se enfrentan hoy en nuestro medio al reto de redelimitar su naturaleza, estructuras y procesos para poder garantizar la tan ansiada gobernabilidad y poder relanzar nuestro desarrollo en beneficio del conjunto de nuestras respectivas sociedades.

Este contexto mundial y regional en el que está insertado Puerto Rico no le pasó desapercibido al compañero Filiberto Ojeda Ríos. Como bolivariano vio el futuro de la Isla como parte del proyecto de la Gran Patria Latinoamericana que postula el presidente venezolano Hugo Chávez Frías. Insistió en que pertenecemos, por derecho propio, a dicho proyecto continental. Por ahí transita el futuro de Puerto Rico y debemos romper todas las barreras para insertarnos activamente en ese proceso de integración y unidad continental. Por ahí, puntualizó, está la oportunidad para potenciar la verdadera descolonización de Puerto Rico.

La independencia como necesidad histórica

En efecto, toda crisis es a su vez una oportunidad. Pero ante los asomos de cierta tendencia reformista entre el independentismo que parecería dispuesto a transar, en lo inmediato, con una solución que no requiera la ruptura definitiva con el marco de subordinación política y económica representada por el llamado Estado Libre Asociado, Filiberto afirmó sin ambages que ello sería un grave error.

Insistió en que la única solución a la crisis, dadas las características de ésta, es la independencia. No es capricho ni idealismo: la independencia se plantea hoy como una necesidad, tal y como la caracterizó el Maestro Hostos cuando expresó: "La independencia de Puerto Rico es un derecho de necesidad".

Ahora bien, Filiberto subrayó que la viabilidad de esa independencia se ha potenciado a raíz de la Revolución Bolivariana de Chávez, las alianzas estratégicas establecidas por ésta con Brasil, Argentina y, particularmente Cuba, y la puesta en marcha de la Alternativa Bolivariana de las Américas (ALBA).

El líder Machetero insistió, pues, en la necesidad de una comprensión estratégica y global de la crisis y sus oportunidades. Las circunstancias nacionales e internacionales se están encargando, por un lado, de dictarle empíricamente al pueblo puertorriqueño su única opción para enfrentarse exitosamente tanto a su presente como a su futuro y, por otro lado, de ofrecerle unas nuevas oportunidades para reordenar su presente y futuro, esta vez como parte de la América Latina.

A construir una capacidad de decisión propia

Es por esta razón que Filiberto Ojeda Ríos manifiesta una gran preocupación con el reformismo y cierta condescendencia hacia los partidos coloniales: "Los independentistas no tenemos que salvar a los que han hundido al pueblo de Puerto Rico. No hay que tirarles la toalla al Partido Popular y al Partido Estadista", advierte. Dichas posiciones, asegura, sólo terminan por fortalecer al PPD o al PNP en su momento de mayor declive. Hay que tener cuidado con la continua manipulación del reformismo autonomista, sobre todo ante la ausencia de una definición de lo que concretamente proponen. De ahí que Filiberto insistiera en que el autonomismo ya no constituye una opción real y viable para el país, ni tan siquiera transitoria. Ante ello, lo que corresponde es recuperar la capacidad de decisión propia del independentismo.

No existe tarea más apremiante, según él, que la construcción de una oposición independentista efectiva en la actual coyuntura, pues la misma es hoy inexistente. Esta oposición radical debe ser una confluencia de distintas fuerzas, cada una luchando desde su particular trinchera, pero unida en torno al objetivo común. Las organizaciones independentistas deben estar insertadas activamente en el proceso actual por el que atraviesa el país y, sobre todo, deben desarrollar una gran campaña que eduque sobre la conveniencia y viabilidad de la independencia como solución.

Si bien Filiberto no creyó en la lucha electoral como medio principal para lograr la independencia de Puerto Rico, aun así reconoció que mediante la misma se pueden cosechar cosas beneficiosas para la lucha. En ese sentido, opinó que una organización independentista que cultive esa vía debe asegurarse de combinar la vía parlamentaria con la extraparlamentaria. Es algo así, añadiría yo, como una estrategia política que combina la formas propias de la campaña electoral, con la diversidad de formas de lo que los zapatistas llaman "la otra campaña", es decir, esa pluralidad de instrumentos y mecanismos de lucha cultivados, más allá de las campañas electorales, por la diversidad de movimientos, grupos y personas que forman parte de lo que se ha dado en llamar la sociedad civil y que Filiberto prefiere seguir llamando el pueblo. En cuanto a la lucha armada, éste la describía en estos momentos ocupando la retaguardia y vinculada estrechamente a las luchas del pueblo.

Convendría aquí profundizar un poco más en cuanto a la cuestión organizativa con respecto al independentismo y la construcción de algún espacio o movimiento nuevo al interior del mismo. A través de toda la región se vive una profunda desconfianza hacia la llamada clase política tradicional, incluyendo sus expresiones de izquierda. Pero, nos advierte el sociólogo argentino Atilio Boron (Actualidad del ¿Qué hacer?, Buenos Aires, 2005): "lo que sorprende en la coyuntura actual, no sólo de la América Latina sino también mundial, es que las fuerzas sociales que motorizan la resistencia al neoliberalismo parecen haberse conformado con proclamar la obsolescencia de aquellos formatos tradicionales de representación política (como, por ejemplo, el partido y el sindicato) desentendiéndose por completo de la necesidad de discutir el tema y buscar nuevas vías y modelos organizativos". Y agrega: "En su lugar ha ganado espacio una suerte de romanticismo político consistente en exaltar la combatividad de los nuevos sujetos contestatarios que sustituyen al moribundo proletariado clásico, elogiar la creatividad puesta de manifiesto en sus luchas y la originalidad de sus tácticas, y pregonar la caducidad de las concepciones teóricas preocupadas por las cuestiones del poder, el estado y los partidos. Las clase sociales se diluyen en los nebulosos contornos de la 'multitud'."

El caso de Puerto Rico no es muy distinto a lo antes descrito. Y es nuestro deber acercarnos sin más dilaciones al tema con la seriedad y creatividad necesarias. De inmediato, habrá que reconocer cierto pesado desprestigio en la forma del partido, sobre todo en estos tiempos en que no es posible la construcción de un instrumento político monolítico y homogéneo a partir de la gran heterogeneidad que caracteriza a los sectores que se pretenden organizar y agrupar. Creo que la propia realidad nos va encaminando por la vía de la forma propia de los nuevos procesos de producción y de comunicación en estos tiempos: la red.

Cómo darle forma efectiva y pertinente a un movimiento integrado en la forma de una red interactiva de sus diversos componentes; cómo posibilitar la coordinación y organización de éstos en torno a propósitos comunes, más allá de sus intereses sectoriales; cómo hacerles ver los vínculos imprescindibles que existen entre nuestras respectivas ideas y aspiraciones; cómo lograr que vean la totalidad comprensiva más allá de la parte que representan: he ahí el gran reto. Ahora bien, de lo que sí estoy seguro es de que sólo a partir de formas organizativas respetuosas de la diferencia, como bien advirtió Filiberto, puede lograrse hoy constituir nuevos lugares comunes consensuados y coordinados en torno a unos fines comunes.

Unidad en la acción

En nuestro caso, ello nos lleva, por ejemplo, a examinar también la cuestión de la unidad independentista. Filiberto Ojeda Ríos le asignaba mucha importancia al tema y le veía muchas más posibilidades a ésta a partir de la acción y presión desde la base, y no a partir de decisiones voluntarias del liderato.

Francamente, la insistencia de algunas voces del independentismo a favor de una lucha ideológica previa, sólo puede tener cabida si es con el debido respeto y consideración a la diferencia que cada cual representa. En esto, Filiberto fue intransigente. Las diferencias no se deben estar ventilando como hasta ahora, pues ello sólo sirve para desmoralizar al independentismo y debilitar la lucha en su conjunto ante los ojos del pueblo. "Hay que respetar que todos son independentistas", concluye e insiste que la división actual es responsabilidad del liderato ya que "la base lo que quisiera es la unidad".

La experiencia de la Coordinadora mayagüezana "Rompiendo el perímetro" da testimonio de lo antes expresado. Más allá de ésta, está la amplia evidencia de lo yerma que ha sido en el pasado cualquier vía unitaria que arranca atacando o criticando a sus compañeros de lucha que militan en otras organizaciones patrióticas que no son la suya. En fin, hay que aprender a tratar las contradicciones en el seno del independentismo de manera diferente a como tratamos las existentes con el imperialismo y el colonialismo; sólo con estos últimos podemos tener contradicciones antagónicas e insalvables.

Por otro lado, está la insistencia de algunos en la liquidación de organizaciones independentistas existentes como precondición para el surgimiento de algo nuevo. Francamente, en lo personal creo que el liquidacionismo sólo lleva al inmovilismo. De ello es testigo el liquidacionismo vivido bajo la Internacional Comunista, a raíz de la constitución de los Frentes Populares durante la Segunda Guerra Mundial. También la liquidación del Partido Socialista Puertorriqueño (PSP) constituye otro ejemplo de las consecuencias nefastas que tiene esa opción. Ello representó, en el balance, un retroceso en los niveles organizativos y la presencia militante del movimiento independentista en su conjunto, algo de lo cual aún forcejeamos por recuperarnos.

En fin, con el liquidacionismo estamos ante una visión maniquea de la realidad que deja de aquilatar las complejidades propias de toda lucha política, sobre todo su conformación a esa verdad inescapable de que la política es el arte de sumar fuerzas, no de liquidar las existentes para entonces inventar lo nuevo. Lo nuevo está también en lo viejo, aunque cualitativa y cuantitativamente aspire a superarlo. Esa oposición radical que represente una opción alternativa y viable a lo existente no puede darse, pues, a partir de la liquidación y desmovilización de lo existente. En todo caso, lo existente se supera, no por decreto o puro voluntarismo, sino porque lleve a ello la propia experiencia generada a partir de una serie de nuevas prácticas. La práctica es el criterio de la verdad, sentenció magistralmente Mao Tse Tung. Y es esa práctica la que se encargará de asignar la pertinencia de las ideas, teorías, estrategias y tácticas que confluyen en el seno del independentismo puertorriqueño.

Por otro lado, es indudable el intento por parte del FBI de pretender criminalizar nuevamente al independentismo a partir de los hechos de Hormigueros. Pero si hay algo de lo que se dio testimonio en los pasados días es de la legitimidad política que el independentismo se ha ganado en los ojos del pueblo, independientemente de las divisiones partidistas. Sobre ello tenemos que construir una nueva conciencia acerca, no sólo de la legitimidad de la independencia, sino también, de su pertinencia y viabilidad bajo las actuales circunstancias. En este contexto además se requiere la masificación de nuestra lucha. No podemos sucumbir a la siempre presente tentación de atrincherarnos en torno a lo existente para desde allí defendernos frente a cualquier nuevo intento por golpear al independentismo. Sólo habremos de avanzar rompiendo el perímetro que históricamente nos ha tendido el gobierno estadounidense en su pretensión por reducirnos a una fuerza marginal en el seno del pueblo puertorriqueño.

No empece las diferencias cualitativas que puedan existir con la lucha librada en Vieques, hay que retomar sus esenciales lecciones para su aplicación en el contexto actual. El crimen de Hormigueros ha desatado una lluvia de nuevas contradicciones entre el pueblo de Puerto Rico y el gobierno de Estados Unidos, con las que hay que trabajar, profundizar y llevarlas a su máxima expresión. No debemos perder de perspectiva quién es el enemigo principal en la actual coyuntura y centrar en éste, el gobierno de Estados Unidos y el FBI, nuestras acciones. De paso, hay que seguir emplazando al gobierno del ELA para que confronte sus propios monstruos y proceda al deslinde de responsabilidades en este caso y el encauzamiento de los responsables del asesinato y sus cómplices. A diferencia de Vieques, estamos ante una campaña política que puede tener unas consecuencias políticas más serias, además de que constituiría una nueva expresión de la diferenciación marcada por nuestro pueblo entre sus intereses y los del Imperio.

¿Qué hacer?

El reto lanzado por Filiberto Ojeda Ríos nos plantea la necesidad de constituir una Coordinadora Nacional del movimiento independentista, con la participación de todos sus integrantes, tanto los partidos, movimientos, frentes, organizaciones y militantes no afiliados. El objetivo de la Coordinadora será construir una capacidad de decisión propia del independentismo como opción inmediata y viable a la presente crisis de gobernabilidad y desgaste de las instituciones políticas y la economía coloniales. No se debe pretender con dicha Coordinadora sustituir a las organizaciones, movimientos e individuos participantes, sino realizar una labor de coordinación creciente de la lucha independentista, en la medida en que se vaya ganando la confianza de todos. Sólo se promoverá progresivamente una unidad de propósitos y una unidad en la acción en torno a asuntos y campañas consensuadas.

Por otro lado, se debe diseñar una amplia campaña educativa y de opinión pública sobre la pertinencia y viabilidad de la independencia en las actuales circunstancias. Si bien CLARIDAD debe ser uno de los vehículos centrales para dicha campaña (mediante la publicación de artículos y suplementos que sirvan como cuadernos de educación popular, así como la celebración de foros, seminarios y tertulias), debe también coordinarse con otros medios de comunicación. Asimismo, debe usarse el Internet, por medio de las redes existentes, incluyendo el sitio de CLARIDAD, el cual debe revaluarse si sólo se da acceso a éste por suscripción o si se deja al acceso libre y se mueve en la dirección de insertar enlaces en otros sitios informativos de la izquierda, tanto en Puerto Rico como latinoamericanos. Otra alternativa es crear un instituto, a modo de think-tank y foro educativo, en apoyo a la campaña educativa antes mencionada, sobre todo para la producción de materiales didácticos y el desarrollo de investigaciones y publicaciones.

La Coordinadora Nacional propuesta debe fortalecer y ampliar la red de apoyo y solidaridad con la independencia de Puerto Rico. Debe hacerse particular énfasis en las relaciones con Venezuela. Incluso, debe verse cómo el independentismo se convierte en interlocutor decisivo en la ampliación de las relaciones económicas entre Puerto Rico y Venezuela. Esto se puede articular en el marco de las ayudas y relaciones económicas que el gobierno de Chávez se ha ofrecido a desarrollar con comunidades en Estados Unidos o a través de organizaciones no-gubernamentales y de la sociedad civil.

En fin, de lo que se trata es de potenciar esa oposición radical y combativa de la que habló el compañero Filiberto Ojeda Ríos para insertarnos decisivamente como fuerza política alternativa frente a la crisis de gobernabilidad y el colapso creciente de las instituciones que sostienen la subordinación política y económica de nuestro país a Estados Unidos. Es la hora de poner la acción donde en días pasados, llenos de dolor e indignación por el vil crimen cometido, pusimos las palabras. Es la hora de potenciar la diversidad de voces y voluntades, y fundirlas armoniosamente como una sinfonía donde la diversidad de talentos e instrumentos no impidan el logro del objetivo común. Y en dicho esfuerzo orquestado estará siempre la trompeta de Filiberto anunciado la rentabilidad permanente de los sueños.

---

* El texto anterior es una versión abreviada de la ponencia presentada por el autor que sirvió como documento central de discusión del Seminario "Diagnóstico y cauces" celebrado por la Junta de Directores del periódico CLARIDAD en la Facultad de Ciencias Sociales, Universidad de Puerto Rico, en Río Piedras, el 15 de octubre de 2005.

Apéndices

El nacimiento de Los Macheteros

La última década del siglo 19 presagiaba un cambio dramático en lo que era la transformación de una república revolucionaria de profundas reivindicaciones sociales en una nación neocolonialista y, sobre todo, imperialista. Estados Unidos de América se iniciaba en la esfera internacional como el país que habría de establecer las pautas políticas y económicas para todo el mundo. El hundimiento del acorazado *USS Maine* –hecho denunciado como autoprovocado– fue el pretexto utilizado para declarar la guerra a una España debilitada, nación que ejercía la soberanía sobre las islas de Cuba, Puerto Rico y –en el Pacífico– sobre las Filipinas. En 1898, el gobierno de Estados Unidos ordena a su ya poderosa flota naval la invasión del territorio puertorriqueño, ejecutándose esta tras un implacable bombardeo sobre la capital puertorriqueña de San Juan. Este hecho marcó el principio de la aplicación de una política colonial clásica en Puerto Rico, cosa que Estados Unidos no pudo hacer en Cuba ni en Filipinas.

Existían entonces numerosas *partidas sediciosas,* entre ellas, una denominada como *Los Macheteros,* que es el origen histórico del nombre del *Ejército Popular Boricua –Los Macheteros.* Estas llamadas *partidas sediciosas* estaban divididas en sus objetivos. Algunas exigían, además de reivindicaciones sociales, el respeto a los derechos humanos y civiles de los puertorriqueños, al igual que la libertad para Puerto Rico. Otras se dedicaban a obtener beneficios mediante actos ajenos a los mejores intereses políticos y sociales de los puertorriqueños. Desde muchos meses antes de la invasión, Puerto Rico había logrado su autonomía política tras décadas de luchas anticoloniales, y negociaciones con el régimen monárquico español. Uno de los artículos fundamentales del pacto político entonces concertado entre el pueblo de Puerto Rico y España expresaba, con toda claridad, que el mismo no podía ser modificado unilateralmente por ninguna de las partes, por lo que cualquier modificación política no podía ser impuesta por España sin el tácito consentimiento del pueblo puertorriqueño. Ha sido ampliamente demostrado por juristas expertos en la ley internacional, que el *Tratado de París,* firmado entre Estados Unidos y España en 1898, constituía una violación del Pacto Autonómico acordado entre el régimen de España y los representantes del pueblo puertorriqueño. El *Tratado de París* constituía, de hecho, una imposición de carácter militar que permitía la usurpación de la soberanía que legítimamente le correspondía al pueblo puertorriqueño, mediante un "traspaso" del territorio y del pueblo puertorriqueño a los Estados Unidos.

Estos hechos reafirmaron el derecho ya reclamado durante más de un siglo por el pueblo puertorriqueño a su independencia nacional y al pleno ejercicio de su soberanía. La administración política de Estados Unidos sobre Puerto Rico, durante los primeros años de su usurpación de nuestro territorio nacional, le fue asignada a las fuerzas militares y navales de ocupación. De inmediato, estos se dieron a la tarea de intentar destruir la personalidad nacional del pueblo puertorriqueño, su cultura, costumbres e idioma, todo ello ejerciendo el total control sobre la economía nacional, sobre la superestructura ideológica, sobre los medios de comunicación y formativos, y sobre todas aquellas agencias que tienen la responsabilidad de establecer las normas de vida de un pueblo.

Estas agresiones obligaron a los sectores más conscientes del pueblo puertorriqueño a organizarse para salvar la nación y la patria. A través de las décadas que sucedieron a la invasión nuestro pueblo ha luchado por todos los medios a su alcance para lograr su ansiada libertad y hacer justicia. La defensa cultural ha constituido un bastión de lucha incansable para nuestro pueblo. La defensa de nuestro idioma, de nuestras tradiciones, de nuestro folclor y de nuestros valores nacionalmente patrióticos han sido los ejes utilizados por el pueblo para garantizar su sobrevivencia. La lucha armada ha sido, igualmente, un mecanismo irrenunciable por constituir por sí mismo un derecho de todo pueblo colonizado para luchar por la independencia de la patria. El derecho al ejercicio de la lucha armada fue convertido en práctica y concepción de lucha central por don Pedro Albizu Campos y su heroico Partido Nacionalista. El gobierno de los Estados Unidos conoce muy bien cómo en el 1950 se llevara a cabo la Revolución del 50, al igual que los ataques por comandos nacionalistas, no sólo a la Casa Blair en ese año, sino también al Congreso de los Estados Unidos en el año 1954.

Fiel a nuestra tradición de lucha, en 1978, fue fundado el Ejército Popular Boricua, tras un profundo análisis de lo que era nuestra realidad política. Las dos décadas que precedieron a su fundación fueron años de profunda represión política a todos los sectores identificados con la independencia de la patria. Fueron años en los cuales más de

150,000 puertorriqueños fueron fichados y a los que se les abrió una carpeta, todo ello orientado y dirigido por el Buró Federal de Investigaciones. Los asesinatos políticos, ejecutados por instrucciones de quien hoy funge como Comisionado Residente de Puerto Rico en Washington, Carlos Romero Barceló, constituían parte del diario vivir de los puertorriqueños. *Los Macheteros* somos el producto de un proceso que se fue gestando durante décadas. Numerosas organizaciones revolucionarias ya habían hecho su aparición en la lucha patriótica de los puertorriqueños, entre ellos, el Movimiento Independentista Revolucionario en Armas (MIRA), los Comandos Armados de Liberación (CAL), las Fuerzas Armadas de Resistencia Popular (FARP), la Organización de Voluntarios para la Revolución Puertorriqueña (OVRP), todas las cuales han acudido a las armas para lograr la independencia de Puerto Rico.

La lucha de los revolucionarios puertorriqueños enmarcados por *Los Macheteros* no está dirigida contra el pueblo estadounidense, sino contra la aplicación de una política colonial en nuestra patria orientada e impuesta por los gobernantes de los Estados Unidos, que a su vez son representativos de intereses económicos muy poderosos y que, en sí mismos, son el verdadero poder detrás de la fachada. Los sectores populares en los Estados Unidos, que constituyen la mayoría del pueblo estadounidense, desconocen en gran medida esta realidad.

Durante los últimos 22 años de existencia de *Los Macheteros* hemos defendido, con gran sacrificio, nuestros derechos, ya no sólo a nuestra libertad e independencia como pueblo, sino también como parte que somos de un pueblo que sufre los atropellos que nos son infligidos por un sistema económico, político y social repleto de injusticias y de explotación. Hemos ejercido nuestros derechos atacando a las fuerzas militares de ocupación y opresión instaladas en nuestra patria; hemos destruido sus aviones de combate en sus bases militares; hemos atacado sus instalaciones militares y la infraestructura al servicio de sus fuerzas armadas en nuestro territorio. Igualmente, hemos sido ferozmente reprimidos. Más de 300 agentes del FBI y de otras agencias represivas de la metrópoli han sido enviados a nuestra patria para perseguir a patriotas y realizar arrestos masivos. Numerosos *macheteros* sufrimos el encarcelamiento en las cárceles federales en el territorio nacional de los Estados Unidos, separados de nuestros familiares y de nuestra tierra. *Los Macheteros* hemos sufrido la más agresiva represión, pero siempre hemos resurgido, y nos mantenemos en pie de lucha. En estos precisos momentos nuestra fuerza es mayor de la que jamás había sido. Sólo la victoria final, es decir, la independencia de nuestra patria, sin manipulación o maniobras políticas neocoloniales por parte del gobierno de los Estados Unidos de América, será la que determine la verdadera paz. El pueblo estadounidense, al cual consideramos como un aliado estratégico de la verdadera paz y armonía en el mundo, nada tiene que temer de *Los Macheteros.* Es a ese pueblo amante de la justicia y de la paz, que le pedimos, a través de este medio, que exijan a su gobierno el inicio de un verdadero proceso de autodeterminación para Puerto Rico, orientado siempre por lo que son las normas establecidas por la ley internacional y por las Naciones Unidas.

El documento que sometemos a continuación forma parte del análisis presentado en lo que es el Programa Político del *Ejército Popular Boricua –Los Macheteros.*

Filiberto Ojeda Ríos
Responsable General
Ejército Popular Boricua - Los Macheteros

REALIDAD COYUNTURAL INTERNACIONAL Y NACIONAL

Marco Internacional

Neoliberalismo y globalización

Filosóficamente hablando, y enmarcado por conceptos idealistas, el liberalismo es "la doctrina que "afirma la primacía de la libertad *individual*".[1] Es, en el fondo, la máxima expresión de los falsos conceptos de "libertad", fabricados a su medida por los propios sectores neoliberales dominantes del sistema económico 'imperante. El liberalismo postula la mínima intervención del Estado, dejando lo que es la totalidad del andamiaje económico social, que se fundamenta en la propiedad privada, en manos de los sectores capitalistas económicamente predominantes. Esto, en realidad, no es otra cosa que la imposición de esas proyecciones de "libertad" necesitadas por los explotadores para garantizar la implantación y supremacía de su sistema de desigualdad y privilegios afectando a los sectores más necesitados. Son los neoliberales, los sectores profundamente minoritarios, quienes ejercen todo el poder que el estado por ellos mismos creado, y sus leyes, les otorgan. Es un poder aplicado, utilizando la coacción y la fuerza, en contra de las incalculables mayorías identificadas como: "la humanidad".

Esa ha sido la consigna histórica que ha regido a la nación estadounidense desde su fundación hasta el día de hoy. *El neoliberalismo no es otra cosa que la adaptación de esa filosofía de injusticia y explotación a las condiciones que*

[1] El diccionario "Merriam-Webster Collegiate Dictionary" expone que se tratade: "...a theory in economics emphasizing individual freedom from restraint and usually based on free competition, the self regulating market, and the gold standard".

imperan en la actualidad, con la pretensión de que toda la humanidad sea regida, oficialmente, y por aparente consentimiento propio, por esa casta de financieros y propietarios de la totalidad de los medios de producción. Ello no equivale a otra cosa que a la propiedad privada gobernando al mundo, y a los gobiernos establecidos sirviendo como administradores y resolviendo las dificultades que les puedan surgir en ese proceso de muerte y esclavitud.

El neoliberalismo –nombre dado a la más moderna expresión económica del capitalismo, con profundas exigencias políticas, económicas y sociales– se rige por una línea de orientación práctica mediante la cual se depende de un desarrollo fundamental y altamente coordinado del comercio internacional orientado por las naciones altamente industrializadas. Para ello, todas las naciones, particularmente las subdesarrolladas, se ven obligadas a eliminar las restricciones arancelarias nacionales, establecidas por ley para "proteger" su producción y sus mercados. Esta proyección político-económica, a su vez complementada por mecanismos orientados hacia la consolidación de esas políticas, constituye la más reciente alternativa que el capitalismo internacional está imponiendo a la comunidad mundial.

Esas políticas neoliberales han tomado por asalto al globo terráqueo y creado grandes angustias a las enormes mayorías de la población mundial. Mientras más se desarrolla el proceso de globalización comercial y productivo en beneficio de los poderosos, mucho más se ha agudizado, a nivel global, el desempleo, la ausencia de servicios de salud, de agua potable, de alimentos básicos, de servicios de educación, de viviendas, etc. Igualmente, mucho más se ha agudizado, utilizando como subterfugio el "desarrollo", el asalto criminal de carácter ambiental, cuyos efectos para la humanidad y para la propia existencia de nuestro planeta son absolutamente destructivos.

Una de las metas de los estrategas neoliberales de la globalización consiste en derrumbar todas las barreras proteccionistas que las naciones pobres han establecido como recurso defensivo ante el desenfrenado asalto de las hordas del capital proveniente de los países ricos y altamente desarrollados. La banca internacional está totalmente al servicio de estos sectores financieros. El resultado neto de esta agresiva política económica dictada por los organismos financieros internacionales a los pueblos pobres, es el despojo de su soberanía. Esa usurpación se impone mediante la aplicación de políticas estranguladoras en torno a la deuda externa de las naciones subdesarrolladas. La imposición de condiciones leoninas e insostenibles a todas las naciones que ya les adeudan enormes sumas, y cuyo pago -solamente de intereses, sin contar pagos al principal- se traga la mayor parte de los presupuestos nacionales destinados a aliviar las condiciones infrahumanas de vida de la población, es la norma obligada aplicada por el Banco Mundial y por el Fondo Monetario Internacional. Así, países de Asia, de África y de América Latina sufren el embate desgarrador de semejante situación.

La región del Caribe –única con un estado socialista– merece particular atención. Para Puerto Rico esta región constituye su entorno socioeconómico y político inmediato. Para el mundo, particularmente para Estados Unidos, representa un mercado interno significativo, además de ser un área de tráfico comercial, financiero e industrial intenso. Durante este último proceso de globalización, los estados caribeños han establecido instituciones regionales, tales como la Asociación de Estados Caribeños y CARICOM, que les permiten disentir y definir diversas políticas para su bienestar económico de cara a la globalización neoliberal.

Mientras existía el llamado "bloque socialista", el neoliberalismo era el factor unificador de todas las naciones súper desarrolladas, agrupadas por lo que se conoce como los G-7 (aunque son más). Es este grupo el que determina y coordina las políticas de contrarrevolución económica global, al igual que las represivas a aquellos que asuman posturas de desafío. *El neoliberalismo, por ende, les servía como marco teórico para el delineamiento de esas políticas que comprenden, entre otras: operativos de inteligencia, infiltración, guerras regionales, represión a fuerzas progresistas en todo el mundo, destrucción de movimientos revolucionarios organizados, etc.* En esta etapa histórica, tras la desaparición del mundo socialista, el neoliberalismo toma por asalto a todo el globo terráqueo. Ya no tiene la oposición de un sistema socializante que, a todas luces, se presentaba como la alternativa de reorientación global para la supervivencia humana, y sus interrelaciones, tanto filosóficas como materiales, orientadas hacia el futuro. Sin embargo, el empobrecimiento de los pueblos afectados, que han respondido a través de sus luchas con combatividad ante la injusticia de la implantación de este modelo, evidencia su fracaso como opción para la inmensa mayoría de la humanidad.

El neoliberalismo, como elemento ideológico determinante para la estrategia de acción económica contrarrevolucionaria, cuenta con una diversidad de mecanismos que en sí mismos constituyen las políticas prácticas y coercitivas para lograr sus propósitos. Estos mecanismos están orientados hacia la penetración de todos los niveles y renglones que constituyen la organización de la sociedad. A esos efectos, tanto los aspectos de producción y distribución material, así como los superestructurales, particularmente los de orientación ideológica, son convertidos en mecanismos en función del control de la sociedad. *La globalización, la privatización y la concentración y coordinación militar son elementos que, en sí mismos, encierran la imposición de numerosas políticas, todas ellas claramente orientadas hacia el ejercicio de un control casi absoluto por parte de las corporaciones transnacionales, y en detrimento de la vasta mayoría de la humanidad.*

La llamada globalización, por ejemplo, exige la imposición de un sinnúmero de cambios entre las naciones y en las normas que tradicionalmente han reglamentado las relaciones entre los asalariados y los propietarios. El resultado neto de tales imposiciones es la reducción de la enorme mayoría de la población mundial a niveles infrahumanos de supervivencia. A esos efectos, se ha ido instrumentado, a nivel internacional, un proceso de desreglamentación, que es el equivalente a la pérdida de derechos históricamente logrados por los obreros mediante luchas que han costado enormes esfuerzos, cárcel y sangre. Este proceso de desreglamentación, unido al énfasis en la aplicación de alta tecnología, ha ido reduciendo dramáticamente la necesidad de mano de obra. Como consecuencia, ha habido una disminución en el empleo en la manufactura y en los medios directamente relacionados con la producción de la riqueza, empobreciendo a mayores sectores de la población. La exclusión de grandes masas de la fuerza trabajadora surge como subproducto natural de estas imposiciones y reajustes económicos neoliberales.

La imposición de cambios en las jornadas de trabajo, en los horarios de trabajo, en la eliminación de pagos por horas adicionales trabajadas, en los derechos adquiridos por la mujer trabajadora, en los beneficios de vacaciones, etc., amén de otras imposiciones que convierten en "nuevas leyes" (para estar en regla), lo que constituye es una enorme pérdida de los derechos, humanos y democráticos que han podido ser rescatados históricamente por los trabajadores mediante sacrificadas luchas reivindicativas. Las explicaciones ofrecidas por los "amos" es en el sentido de que los mercados de trabajo tienen que ser menos rígidos, convirtiendo la competencia por un puesto asalariado, entre obreros, en algo mucho más agudo.

Ante los embates de la aplicación de medidas draconianas orientadas bajo el concepto de "globalización", los pueblos sometidos a la más abyecta miseria, producto de la superexplotación, han ido desarrollando diversos mecanismos de defensa, desde la educación hasta las huelgas, y desde la coordinación de esfuerzos multinacionales hasta el enfrentamiento directo, para impedir la imposición de estos nuevos mecanismos de expoliación humana. Hay que reconocer que, en buena medida, estas luchas han sido protagonizadas de manera destacada por lo que hoy es identificado como "la sociedad civil", que no es otra cosa que el pueblo unido, sin obedecer a las tradicionales formas, y que en la actualidad es relegado a un plano de menor protagonismo.

A esos efectos, se han ido instrumentando políticas que están orientadas hacia el enfrentamiento de lo que es la tendencia neoliberal conforme es aplicada en nuestra patria, y que hoy, además de a los puertorriqueños, afecta a todos los pueblos subdesarrollados del planeta.

Filosofía reestructurativa del capitalismo capitaneada por el gobierno de los Estados Unidos y su aplicación a Puerto Rico

Si bien ésa es la realidad para todos los países subdesarrollados con los cuales estamos hermanados, en nuestra patria intentan despojar a los trabajadores de importantes conquistas. *La privatización, política neoliberal mediante la cual todos los servicios básicos y corporaciones públicas estratégicas son colocadas en subasta al mejor postor capitalista, ya ha hecho estragos en nuestro país.* Aún recordamos los esfuerzos que todo nuestro pueblo realizó para intentar evitar lo que, a todas luces, era una política decidida por el gobierno local: la privatización de la Telefónica de Puerto Rico.

La guerra y la paz de los neoliberalistas

La nueva política del capitalismo neoliberal se compone, esencialmente, de dos aspectos o fases. La primera, en el orden político-económico, consiste en la de imponer la total subordinación de todas las naciones subdesarrolladas en el mundo hacia una de las naciones que conforman la esfera de influencia y predominio económico, compuesto por el privilegiado mundo desarrollado, y que, a su vez, son aliados en la implantación de estas políticas neoliberales. Para ello, han impuesto políticas económicas leoninas que sumergen, cada vez más, en la miseria, a los países subdesarrollados. De esa forma, los elementos fundamentales para garantizar la supervivencia van desapareciendo: el empleo, como fuente principal de ingreso para la población, va mermando drásticamente; los servicios de salud son inexistentes o de muy elevado costo; los abastos de agua potable se van reduciendo; el costo de vida aumenta vertiginosamente, y con ello la miseria y mayor dependencia. La deuda pública a que los gobiernos reaccionarios someten a sus pueblos mediante la corrupción y saqueos de los pocos bienes que los pueblos producen, los someten a merced del Fondo Monetario Internacional y se convierten en flagelos adicionales para la población desposeída y trabajadora. Para lograr implantar esas políticas económicas, tienen la necesidad de mantener el "orden " público, y no escatiman en esfuerzos para reprimir cualquier demostración pacífica que los pueblos, en su esfuerzo positivo, desarrollan para impedir que tal estado de esclavitud moderna continúe.[2]

El segundo aspecto consiste en mantener fuerzas militares y paramilitares altamente entrenadas y orientadas hacia la represión popular. Esto, como ha sido ampliamente demostrado, se ha convertido en una necesidad para estos criminales que se jactan de ser profundamente democráticos. Utilizan, como elemento justificador ante el pueblo, el subterfugio de que se ven precisados a organizar estas huestes militares y paramilitares debido a la necesidad de luchar contra el narcotráfico y contra la criminalidad, o para "defender la democracia". Es decir, que pretenden convencer a los pueblos de que lo hacen para proteger a la población. Pero son males que emanan del propio sistema capitalista, y lo niegan. No obstante, esta política de repre-

[2] Puerto Rico cuenta con:

Una fuerza policíaca de más de un elemento armado por cada 81 puertorriqueños...

En comparación con:

1 elemento armado por cada 400 nicaragüenses bajo la dictadura de Somoza.

137,000 expedientes (carpetas de subversivos) en Puerto Rico, lo que equivale a un expediente por cada 4 puertorriqueños...

en comparación con:

1 expediente por cada 350 españoles bajo la dictadura de Franco.

sión localizada, para lo cual lo mismo utilizan a las fuerzas represivas de cada país sometido a sus políticas neoliberales y de globalización, o sus mecanismos altamente militaristas y de gran poder tecnológico, no se limita a esas esferas.

Los neoliberales, con su jefe de acción, el Presidente de los Estados Unidos, ahora aplican la política de guerra de devastación contra toda aquella nación que para ellos sea, o pueda ser, un obstáculo a sus proyecciones de globalización absoluta y de colocación de toda la población mundial bajo el yugo de los capitalistas internacionales. Ya se puede observar el despunte de éstos como gobierno mundial de alto contenido fascista, soslayando por completo lo que está supuesto a ser la propia Organización de Naciones Unidas. Naturalmente, esa organización internacional está constituida, en su vasta mayoría, por naciones en las cuales la pobreza predomina y, por ende, no es idóneo para ellos someter sus políticas al escrutinio "democrático" de ese organismo internacional. No se pueden dar el lujo de un veto en lo que es el Consejo de Seguridad de dicho organismo mundial. De esta manera, la intimidación y la amenaza de someter a los pueblos a la crueldad de bombas lanzadas desde el cielo es la orden del día para los poderosos neoliberales. La paz que buscan no es otra cosa que dominar a toda la humanidad y así masificar la esclavitud a niveles jamás concebidos. Ejemplos evidentes de esta realidad los vivimos diariamente en nuestra patria.

Cambios económicos estructurales y su aplicación en Puerto Rico

El gobierno de Puerto Rico, hoy bajo la moderna dictadura del doctor Pedro Juan Rosselló González, es una ficha activa de esa reaccionaria política neoliberal capitaneada por el gobierno de los Estados Unidos. Se le ha asignado una función intraregional para representar los intereses económicos y financieros de Estados Unidos a través del establecimiento y ofrecimiento de programas de intercambio comercial y de servicios con diversas naciones caribeñas, particularmente en la formación de cuadros técnicos especializados en diversas áreas de la tecnología y de la economía. La sumisión de estos traidores ha sobrepasado los límites a los que los colonialistas tradicionales del patio nos tienen acostumbrados. Si bien en el pasado la filosofía gubernamental del servilismo consistía en que "Puerto Rico habría de ser el puente entre los Estados Unidos de América y las naciones de la América del Sur", en la actualidad lo que se pretende es cavar un túnel mediante el cual los pueblos no puedan ver las intenciones de minar, desde su propio seno, toda posibilidad de independencia económica y bienestar por parte de las naciones latinoamericanas. Es una conexión Norte-Sur destructiva y nefasta para *nuestra América.* Este gobierno, avergonzado como lo está, de sus raíces, pretende orientar a toda las naciones latinoamericanas por el camino de lo que es su propia imagen acomplejada y despersonalizada.

Ante ello, Rosselló no se limita a administrar la colonia, sino que pretende convertirse en "estadista" de la entrega. A su vez, intenta, por todos los medios, instrumentar políticas destructivas de todo sentido de nacionalidad o tendentes a fortalecer la puertorriqueñidad. El ataque frontal lo realiza en aras de la destrucción de lo que constituyen estructuras imprescindibles para el desarrollo y consolidación de una posible patria libre. La globalización le ha venido como anillo al dedo. A eso, entre otras cosas, se debe la ofensiva devastadora de privatización aplicada por este gobernador. Para tener esta aseveración bien clara, basta con citar al presidente de los Estados Unidos, Woodrow Wilson, cuando en el año 1913, ya comenzado el proceso de globalización, pero sin ser identificado como tal, afirmaba que:

> Se ha oído hablar de concesiones hechas por América Latina al capital extranjero, pero no de concesiones hechas por los Estados Unidos al capital de otros países ... Es que nosotros no damos concesiones... Un país es poseído y dominado por el capital que en él se haya invertido.[3]

En otras palabras, que, *un país cuyos nacionales carecen de controles para su desarrollo económico autóctono perdería paulatinamente los cimientos de su fundación y libertades esenciales como pueblo.*

El colonialismo que sufrimos, con el proceso de globalización estratégica en desarrollo, no se elimina, sino que se intensifica. Esto, debido al hecho de que no sólo carecemos de poderes para defendernos como pueblo ante esta grave amenaza, sino que nuestras posibilidades para lograr la indispensable libertad, independencia y poder para convertimos en el factor determinante en nuestra vida como pueblo, y a la vez establecer mecanismos defensivos de nuestra nación, van desapareciendo con mayor velocidad. Las condiciones objetivas para luchar con mayor ahínco utilizando todos los medios a nuestro alcance, priorizando en la lucha armada, no sólo no han desaparecido en esta "nueva realidad", si no que se hacen aún más indispensables.

---

[3] Eduardo Galeano: *Las Venas Abiertas de América Latina.*

Independencia en el marco de la globalización

Ya ha sido muy bien expresado por grandes estrategas revolucionarios de *nuestra América,* particularmente por el Presidente de Cuba, Fidel Castro Ruz, que la globalización es un proceso inexorable y en el fondo positivo. Pero, no la globalización de los capitalistas, que es profundamente destructiva y que puede conducir a toda la humanidad a su propia desaparición. Nosotros, al igual que otros, añadimos que no puede existir una globalización justa y equitativa si no cuenta con el aval y participación igualitaria de las naciones subdesarrolladas y de los pueblos pobres. La globalización de los capitalistas equivale a la globalización de la esclavitud. La globalización humanista constituye, por el contrario, la globalización de la justicia, de la igualdad material y de derechos para toda la humanidad. Para que la globalización sea justa para los puertorriqueños, la independencia es una necesidad vital; de lo contrario, no sólo terminaremos como esclavos, sino desapareciendo como nación.

Marco nacional y sus particularidades

Son muchos los factores, además de la realidad internacional y el marco nacional, los que tienen que ser tomados en consideración al elaborar un programa de trabajo revolucionario para nuestra patria y nuestro pueblo. A continuación, formulamos nuestra posición con relación a los que consideramos los más importantes de ellos.

Debilidad política ideológica del sector independentista

Es harto conocido que el movimiento independentista es sumamente débil en lo que a su desarrollo ideológico respecta. No debemos cometer el error de adjudicar esta responsabilidad a lo que algunos piensan son limitaciones de conciencia o de posibilidades de comprensión de los aspectos teóricos por parte de nuestro pueblo. No podemos continuar repitiendo, como tantas veces nos ha ocurrido, que "nuestro pueblo está enajenado", o que "es ignorante", y mucho menos que es "apático a la libertad", o lo que es mucho peor, que "nació para esclavo". Son expresiones que, a veces, en nuestra propia frustración, repetimos, pero que ni remotamente son representativas de la realidad.

Debemos de recordar que nuestro pueblo, a pesar de los embates del gobierno norteamericano por quitarnos nuestra identidad nacional y caribeña, se ha mantenido y enriquecido, y en su seno se han gestado luchas multitudinarias, como también actos de sublime heroísmo. Ese pueblo es, precisamente, nuestra trinchera de lucha.

Las razones de esa aparente "apatía" popular hacia lo que es la proyección patriótica se debe a una multiplicidad de factores. No obstante, lo fundamental consiste en el hecho de que *el enemigo colonialista ha aplicado, por un lado, una política destructiva de las posibilidades de desarrollo económico autóctono, orientando su estrategia, estrictamente, hacia el debilitamiento o desaparición de todos los elementos productivos que los pueblos necesitan para sentir la seguridad de que su supervivencia está garantizada. Esa política destructiva de nuestras raíces y posibilidades económicas ha estado acompañada de una propaganda intensa cuyo objetivo ha sido el de profundizar en la conciencia del pueblo un sentido de impotencia, de dependencia y de inestabilidad. Por otro lado, hemos sido sometidos a las más articuladas y masivas campañas de transculturación ideológica de orientación deformativa, todo lo cual ha creado enormes desajustes y desorientación en la casi totalidad de nuestro pueblo. Toda esa política ha sido hábilmente aplicada mediante la casi monopólica penetración de los medios de orientación ideológica enfocados hacia la desfiguración de la conciencia nacional y hacia el debilitamiento del sentimiento de nacionalidad y puertorriqueñidad.*

Todos sabemos que la superestructura ideológica predominante en la colonia cumple la función, no sólo de mantener el *statu quo,* sino también el de servir como punta de lanza propagandística para crear las condiciones subjetivas de aceptación de sus proyecciones neoliberales. No obstante, no podemos perder de vista que las relaciones sociales que emanan de las estructuras colonialistas capitalistas, y que son base y fundamento de su funcionamiento, imponen toda su deformada visión de la vida, estableciendo el culto al individualismo (que nada tiene que ver con la individualidad) como la más elevada aspiración humana, y logrando que esa falsedad se convierta en eje de motivación para todos los seres humanos.

Si bien muchos de esos aspectos son realidades aceptadas por la mayoría de los luchadores puertorriqueños, no podemos soslayar lo que ha constituido nuestra propia responsabilidad, que ha servido como factor auxiliar para que los opresores hayan ido ganando terreno. Han sido muchos los factores que abundan en esa dirección. Lo que todos los independentistas censuramos como "división", es un factor importante. Pero, ¿es que acaso hemos sido capaces de analizar las razones de tal división con objetividad? Nuestra respuesta debe de ser: ¡no! Las "divisiones" también tienen que tener su explicación y es necesario que escudriñemos, aunque sea de manera somera en este documento, sobre el origen de las mismas.

No existe división sin causa. Y las causas pueden ser de origen muy diverso. No obstante, las causas más poderosas son aquellas que están enraizadas en intereses particulares de naturaleza clasista. Estas son causas de alto contenido ideológico y que dividen a los pueblos. Los sectores independentistas no somos ajenos a la formación y deformación clasista del sistema socioeconómico que nos enmarca. Tampoco somos ajenos a los intereses creados, sean estos materiales o psicológicos, que definen nuestras aspiraciones políticas para una patria libre. No podemos extraernos de los efectos de una sociedad orientada hacia la enajenación, hacia el consumismo, hacia el individualismo, y hacia el elitismo. Muchos independentistas son negociantes y, por ende, también capitalistas. Ya ahí podemos encontrar un sólido factor de diferenciación ideológica, y por ende de división en cuanto a finalidad político-económica respecta. Otros compañeros han sucumbido a las tendencias egocentristas que el sistema fomenta con su culto desenfrenado al individualismo, y no pueden ceder sus posturas a lo que ellos consideran como "ideas inaceptables", cuando la realidad es que no están en disposición de abrir sus conciencias a las proyecciones que no han sido producidas por ellos. Otros, los menos, porque la motivación muy bien puede ser de simple rebeldía personal y otras razones de orden psicológico.

Todo esto que sostenemos más arriba, no quiere decir que no existan elementos con posibilidades para convertirse en eje unificador de todas las tendencias, en las condiciones particulares que sufrimos como pueblo que lucha por su independencia, en unos casos, y por la independencia y justicia social garantizada, en otros. *Nuestras concepciones unitarias deben estar orientadas sobre dos bases. En primer lugar, abonar hacia una unidad de todos aquellos que creemos firmemente en la independencia de la patria, respetando lo que son las diferencias motivadas por realidades objetivas clasistas. Es decir, que compañeros que creen que la independencia puede ser lograda a través de mecanismos institucionales del sistema, tienen que ser respetados porque son compañeros de lucha en la consecución de un mismo fin y porque son, además, aliados tácticos con posibilidades estratégicas que el futuro habrá de definir, Igualmente, combatiendo las desviaciones deformativas, sin negar la posibilidad de rectificación a aquellos que han cometido errores de carácter divisionista, pero no abrir las puertas de par en par hasta que las señales de rectificación sean inequívocas. Además, es necesario que estemos prestos al constante escrutinio autoevaluativo, pues tampoco debemos afirmar, con arrogancia y categóricamente, que somos los portadores exclusivos de la verdad.*

Tomando todos esos factores en consideración, podemos afirmar con bastante certeza que *nuestra inserción y propulsión de un verdadero proceso unitario muy bien podría residir en nuestra capacidad para interpretar correctamente estos conceptos más arriba señalados; en la eliminación de prejuicios antagónicos; y en la aplicación de normas con sumo cuidado y cautela.* Esa ha sido nuestra práctica hasta el momento y hemos logrado buenos resultados. Pero, aún de mayor importancia, *es necesario que comprendamos la importancia de la implantación de políticas de trabajo práctico y de acciones de propaganda armada que en sí mismas conllevan la posibilidad real de fomentar la unidad.* Éste sería el resultado cuando el pueblo siente que las actividades ejecutadas representan su sentir y sus necesidades. *Son estas actividades de acción revolucionaria formativas (propaganda escrita y propaganda armada) las que tienen la capacidad de ir logrando una unidad en términos de las masas populares, alrededor, específicamente, de una concepción de lucha puesta en práctica.*

Nuestra inserción en el proceso unitario, al igual que nuestra provocación de sentimientos unitarios de masas, desde esas perspectivas, sería el resultado de dos conceptos: primero, desarrollar la capacidad para generar políticas de alianzas tácticas y estratégicas cuando éstas sean necesarias (evitando los dimes y diretes que tanto daño han hecho a la causa de la unidad) y, segundo, desarrollar la capacidad para ejecutar acciones de propaganda armada consecuentes y cónsonas con nuestra propaganda escrita, y conforme a nuestra capacidad para recoger el sentir de los sectores populares con relación a problemáticas que les afecten y canalizarlos hacia el proceso en forma de apoyo popular activo.

Aun cuando estos conceptos unitarios constituyen parte importante de nuestras concepciones, es necesario que internalicemos, como proyecciones profundamente unitarias, dos aspectos: nuestra política de acción integral, al igual que nuestra identificación ideológica con el sector trabajador puertorriqueño orientada hacia su movilización revolucionaria, tanto hacia la lucha por la independencia al igual que en torno a las reivindicaciones de clase. Tenemos que tener presente que la sociedad civil, y particularmente la clase obrera, carga sobre sus hombros no sólo la posibilidad de supervivencia de nuestro pueblo, sino también la de la humanidad. Nuestra política de acción tiene que partir, para su desarrollo, de la integración de nuestra política, enmarcada en nuestra realidad y cuyos sectores vanguardistas son, precisamente, los arriba mencionados.

Todas las luchas que están orientadas por conceptos de defensa de los derechos adquiridos y reivindicativos; en contra de la globalización y en contra de la privatización neoliberal; en contra del militarismo; en favor de los derechos humanos, de la mujer, y de toda actividad orientada hacia la preservación de nuestro planeta y de nuestro ambiente; en favor de nuestra juventud; en contra de la corrupción; en favor de servicios adecuados y a bajo costo para los necesitados; en contra de la criminalidad que hoy cobra vidas de nuestra juventud, amén de otras luchas de justicia social que son parte integral de nuestra concepción de lucha, constituyen elementos fundamentales de nuestro accionar. Estamos convencidos de que todo ello redundará en una unidad revolucionaria de largo alcance, y de solidez formativa, libertaria y revolucionaria y, sobre todo, preparatoria para la necesaria constitución de una patria libre.

Frente Popular para la Salvacion Nacional

DECLARACIÓN DE PRINCIPIOS

Realidad nacional: El momento histórico actual

El momento histórico actual es el producto de fuerzas sociales en conflicto las cuales se sitúan en relación desproporcionada en nuestra nación durante los últimos 497 años. Por un lado, encontramos las fuerzas de naturaleza colonial que imponen un sistema socioeconómico y político. Estas fuerzas, a su vez, generan unos procesos sociales afines a sus estructuras de dominación y opresión. De esta manera aseguran la explotación económica, la subordinación política y psicológica y la desintegración cultural y nacional. Todo esto, unido al control absoluto de los mecanismos represivos del estado, les permite evitar cualquier cambio en el sistema actual. Por otro lado, en oposición a estas fuerzas, encontramos las estrategias defensivas que los sectores del pueblo han desarrollado para resistir al régimen económico y político que claramente los coloca en una posición de desigualdad. Estas expresiones, de naturaleza diversa, son evidentes en todas las áreas de la vida puertorriqueña.

Constituyen el esfuerzo de nuestro pueblo por sobrevivir y sobreponerse a las fuerzas que lo oprimen. Son luchas populares que se han desarrollado al margen de los mecanismos oficiales logrando, a través de su esfuerzo, conservar un sentimiento de nacionalidad cultural puertorriqueña. Asimismo, han logrado arrancarle a los sectores dominantes importantes derechos económicos y sociales, particularmente en el área de las relaciones del trabajo.

Los sectores dominantes previamente aludidos son reaccionarios, ya que se oponen a todo cambio que altere su posición de privilegio económico y social, y anti-populares, porque se oponen a todo mejoramiento, por mínimo que sea, de los sectores oprimidos en la sociedad puertorriqueña. Estos sectores dominantes están generalmente constituidos por elementos extranjeros, pero cuentan con el apoyo de sectores nacionales, de puertorriqueños, cuya posición social y económica depende de esos sectores dominantes. Esa alianza de intermediarios puertorriqueños con los sectores dominantes les permite a éstos mantener dividido al país al darse la apariencia de que el conflicto es entre los propios puertorriqueños y no entre los dominadores y los dominados. Les permite, además, confundir y manipular al ciudadano promedio con un lenguaje demagógico dirigido a hacer creer que dicho régimen de opresión y desigualdad tiene el respaldo del pueblo.

El pueblo puertorriqueño constituido por más de tres millones de puertorriqueños que residen en la isla y los más de dos millones y medio que residen en Estados Unidos, el gobierno que domina y oprime a ambos. Los puertorriqueños de acá y de allá somos un solo pueblo. Los aspectos fundamentales de nuestra vida están caracterizados por la injusticia y la opresión que surge de las relaciones sociales, económicas y políticas del sistema colonial y capitalista. Ese sistema asegura el predominio de los sectores dominantes y la subordinación continuada del puertorriqueño a través de estrategias de auto destrucción y de alienación. Políticas tales como: la esterilización masiva, la emigración forzada, el reclutamiento militar obligatorio, la destrucción de las fuerzas económicas nacionales y su absorción por las de la nación dominadora, el ataque cultural y otras, han tenido resultados negativos para los puertorriqueños, La situación se palpa en una descomposición social generalizada. La misma se traduce en la corrupción pública, el alto nivel de desempleo, los bajos niveles salariales de la clase trabajadora y las altas tasas de adicción a drogas y alcoholismo. Constituyen realmente estrategias usadas por los opresores para lograr una mayor desintegración y degeneración social. Adicionalmente, las altas tasas de enfermedades mentales, suicidios y violencia inter-personal generalizada, son realidades concretas que demuestran el resultado de tanta inequidad política, económica y social. Igualmente, y con miras a paralizar las posibilidades de desarrollo de cualquier expresión de resistencia, han instituido altos niveles asistenciales. El por ciento de personas que dependen de ayudas gubernamentales son parte del objetivo de propulsar y desarrollar un efecto psicológico de inseguridad, ausencia de autoestima y autosuficiencia, tanto a nivel individual como colectivo. Una de las principales manifestaciones de esta dependencia es el efecto que ha tenido sobre la agricultura. Hemos dejado de ser un país autosuficiente en términos agrícolas, a pesar de los esfuerzos de los agricultores. Nuestro pequeño agricultor se encuentra desolado y arruinado debido a las enormes imposiciones y gravámenes que lo llevan a la ruina. Este sector es imprescindible para la sobrevivencia de nuestro pueblo y para la salvación nacional. En idénticas circunstancias Se encuentran los pequeños industriales y comerciantes y los proyectos cooperativistas. De ahí, los esfuerzos continuados del opresor por evitar la recuperación plena de estos sectores económicos.

A la relación anterior hay que añadir el hecho de que la degradación del ambiente toma caracteres acelerados para asegurar no sólo la destrucción del ambiente social, sino, también, del ambiente físico en Puerto Rico. Se hace, de esta manera, absoluta la posición de desventaja en que se ha colocado al puertorriqueño.

Dada la falta de poder del pueblo para participar en la toma de decisiones que afectan su vida, éste se ha visto obligado a desarrollar unas luchas persistentemente defensivas. Son luchas de sobrevivencia que no están articuladas ni integradas en una estrategia general de lucha nacional. Estas luchas provienen de los desposeídos, los marginados y los desempleados. Los que carecen de recursos económicos para satisfacer sus necesidades en el orden de la salud, de la educación y de la vivienda. Los que sufren los efectos de la contaminación ambiental. Los que sienten la agresión cultural. Los que sufren en los residenciales públicos y barriadas pobres los embistes de las fuerzas represivas. Y de aquellos que, como en Vieques, luchan por la desmilitarización. Todos son sectores genuinamente del pueblo que día a día realizan esfuerzos para defenderse de la agresión que el régimen de desigualdad y opresión desata en Puerto Rico en contra de nuestro pueblo.

Este esfuerzo del puertorriqueño para transformar la realidad inmediata que nos oprime y nos roba nuestro valor esencial como ser humano, el valor de la libertad y de poder controlar las fuerzas sociales y económicas que nos definen, es un esfuerzo local que en la mayoría de los casos se desarrolla de manera aislada. Los propios mecanismos de comunicación del sistema hacen que ese aislamiento se mantenga. Por otro lado, los partidos políticos que comparten el poder administrativo ignoran o desarticulan esas luchas a los fines de proteger los intereses económicos a quienes realmente sirven. Finalmente, las propias organizaciones representativas de los sectores populares han carecido de la capacidad organizativa para darle cuerpo coherente a esos procesos de luchas populares a los fines de canalizar la convergencia de todos esos esfuerzos en una lucha unitaria y combativa.

El momento histórico actual, el cual es uno difícil para nuestra sobrevivencia como pueblo, tiene que ser aprovechado para integrar las múltiples acciones del pueblo que van en busca de la reafirmación nacional y en contra de medidas represivas aplicadas por el poder dominante. Es un momento propicio para actuar; es un momento de urgencia nacional para consolidar la lucha por la recuperación de la patria.

En el pasado el intento por darle unidad a la lucha fragmentada que el pueblo continuamente lleva a cabo ha estado afectado por actitudes que promueve el sistema social existente. Estas actitudes se traducen en: individualismo, sectarismo, intentos de control, elitismo, arrogancia, racismo, sexismo, machismo y falta de humildad al trabajar unos con otros. En consecuencia, ha habido una falta de vinculación directa entre los distintos sectores progresistas organizados y nuestro pueblo. La alternativa se encuentra en la propia acción popular. Un análisis de luchas comunales recientes tales como la oposición a las políticas anti-obreras del gobierno que es nuestro principal patrono, la oposición a la construcción de una estación para la llamada Voz de América (VOA), la oposición a la tala del Yunque, las luchas ambientalistas y la defensa del idioma, demuestran que el pueblo en su lucha por la sobrevivencia busca alternativas y se organiza a base a objetivos específicos que permiten a diversas organizaciones unirse y de ese modo lograr, en solidaridad, sus propósitos. El paro nacional que surgiera como respuesta al intento de privatización para robar al pueblo trabajador de sus conquistas es un ejemplo claro de que el pueblo es capaz de unirse de manera combativa cuando lo que está en juego es la defensa de sus intereses. Estas luchas forman parte de lo que es la lucha de los pueblos por la reivindicación de sus libertades democráticas y de la justicia social que se desarrolla a nivel internacional.

CONCEPTO

Frente Popular para la Salvación Nacional

El concepto de frente se refiere al esfuerzo por integrar en una alternativa de trabajo solidario, *no* partidario y no sectario las diferentes luchas de carácter reivindicativo que lleva a cabo el pueblo a través del territorio nacional y en la propia metrópoli para enfrentarse al régimen de dominación y opresión que prevalece en Puerto Rico. Es un reconocimiento a la continuidad histórica de los sectores populares por asegurar su sobrevivencia, aunque dicha continuidad no sea percibida ni reconocida por distintos sectores políticos.

Dicho concepto surge como una respuesta del pueblo (de ahí su naturaleza de popular) a unas necesidades que requieren la creación de una acción concertada (de ahí su naturaleza de frente) como instrumento para articular los esfuerzos para rescatar y recuperar nuestra Patria (de ahí su naturaleza. de salvación nacional). Es una solución puertorriqueña para atender las graves condiciones puertorriqueñas. Sale de las entrañas de nuestro pueblo patriótico y luchador. Es un aliento innovador producto de una práctica racional, cohesiva y madura encaminada a contribuir a la conquista de los derechos fundamentales y de justicia social de nuestro pueblo; a crear conciencia de las luchas de clases y patrióticas así como de la existencia de estructuras de poder ejerciendo dominación y control a través de la represión. También, desea ayudar a crear conciencia sobre la necesidad de fomentar un esfuerzo unitario para vencer.

El frente aspira a lograr la acción conjunta de organizaciones de carácter progresista y de intereses sociales múltiples en un proceso de democracia participativa. Es a través de esa democracia participativa que se logra la determinación de sus decisiones y la ejecución de sus políticas. En lo que respecta a este proceso, el Frente se proyecta como una práctica de comportamiento cívico liberador al trabajar para ir creando las condiciones que posibiliten la participación de todos los sectores. Dentro de esta concepción la práctica de trabajo cotidiano se convierte en objeto inmediato de transformación y en la base de un proceso descolonizador que desde lo inmediato se proyecta a lo nacional. De esta forma, el proceso de decidir sobre lo que nos afecta a todos se traslada de la estructura partidaria controlada por los intereses foráneos y sus intermediarios nacionales al propio pueblo y a sus legítimos colaboradores.

PRINCIPIOS

Los principios que sostienen al Frente como concepto y como proceso son los siguientes:

- PODER PARA EL PUEBLO
- DEMOCRACIA INTERNA

- AUTONOMÍA DE LAS ORGANIZACIONES POLÍTICAS DE CARÁCTER NACIONAL
- UNIDAD EN LO QUE NOS UNE
- LA CONTINUIDAD DEL TRABAJO

PODER PARA EL PUEBLO

Este principio parte de la premisa de que el pueblo aspira a su libertad, a controlar su vida, a participar en su destino, a mejorar la calidad de su vida y a lograr la justicia social; y que por lo tanto, es el pueblo el que lleva a cabo la lucha por la recuperación, la salvación nacional. En consecuencia, ningún elemento puede colocarse por encima del pueblo; o sea, que el poder está en la base.

DEMOCRACIA INTERNA

El Frente está formado por organizaciones de base y no por individuos particulares. El principio de democracia interna excluye una dinámica de dominación y control por parte de una organización sobre otra o sobre el Frente. Por el contrario, lo que el Frente propicia es la democracia interna que garantiza una participación de carácter igualitario en el proceso decisional. Cada organización tiene derecho a opinar y a decidir con un voto, irrespectivamente de su tamaño. Adicionalmente, se reconoce la discusión como la base del entendimiento. Por esto es necesario que el clima de la discusión esté caracterizado por la flexibilidad y los trabajos se conduzcan con el mayor respeto hacia las organizaciones participantes y la particularidad del trabajo realizado por cada una. En consecuencia, en el Frente no se coartará el derecho a disentir de las organizaciones pues se estima que la discusión y las diferencias son las parteras del progreso.

El Frente acepta la obligación de promover estilos de trabajo positivamente enmarcados en el conocimiento de la realidad nacional yen un sentir de pueblo, fundamentados en los siguientes postulados: al enseñar hay que hacerlo con un espíritu de aprendizaje; es necesario acercarse a cada tarea específica de trabajo con humildad y respeto; el compañerismo debe constituir el norte obligado de nuestras relaciones; de caracterizar nuestro trabajo con una comunicación directa y honesta; toda tarea que se realiza a favor de la recuperación de la Patria es digna y decorosa; la creación es inherente al trabajo de recuperación nacional; y la lucha por la salvación nacional es de carácter continuo y se proyecta en el tiempo.

ANATOMÍA DE LAS ORGANIZACIONES

El Frente respeta los derechos de cada organización, su espacio de trabajo y su forma particular de laborar. Por tanto, se garantiza una autonomía legítima a las organizaciones participantes. Esto lo que realmente significa es que se respeta la libertad de cada organización para trabajar como mejor entienda que corresponde a su campo de acción. Se excluye toda iniciativa por parte del Frente para dirigir u organizar al nivel local. Se excluye, además, cualquier gestión hegemónica por parte de alguna organización participante hacia otra. Nadie tratará de apropiarse de nadie. Lo anterior no debe interpretarse, sin embargo, como que el nivel local no pueda aportar sus ideas al nivel del Frente. Lo que este principio recalca es que el respeto hacia la autonomía de las organizaciones permite, también, que el Frente se convierta en un instrumento para dar a conocer entre las organizaciones las diversas luchas locales aspirando a que muchas de esas luchas locales se conviertan en luchas reivindicativas de amplio respaldo solidario.

POLÍTICAS DE CARÁCTER NACIONAL

El Frente permite reconocer las necesidades comunes de luchas reivindicativas inherentes a la propia situación nacional. Se entiende, sin embargo, que los asuntos nacionales se determinan a base de la discusión que se genere en el Frente. La decisión sobre la adopción de una lucha reivindicativa nacional o la transformación de una lucha reivindicativa local en una de carácter nacional es una de consenso. La misma es demostrativa del espíritu de combatividad característico del Frente y, a su vez, del esfuerzo reafirmativo y libertario. Cada organización decide la instrumentación específica de las campañas nacionales basada en una política coherente para todos los pueblos. Cada campaña nacional será seleccionada en función a unos criterios previamente determinados. Se sugiere que, entre otros, se tomen en consideración los siguientes: que la campaña a ser desarrollada a favor de la lucha reivindicativa nacional se adhiera a los principios del Frente; que la misma esté encaminada a contribuir a lograr una transformación de nuestra realidad social; y que la misma se entienda como parte esencial de una estrategia descolonizadora dirigida a reducir los efectos de las estructuras de dominación,

No hay duda de que toda decisión sobre una lucha reivindicativa de carácter nacional es en cierto modo de tipo coyuntural y requiere un análisis crítico de la realidad.

UNIDAD EN LO QUE NOS UNE

El Frente se compone de diversas organizaciones con objetivos sociales y espacios de trabajo reivindicativos específicos. El Frente ofrece la oportunidad de poner en contacto a estas organizaciones las cuales a través de un proceso de discusión efectúan sus decisiones principales. El proceso de discusión que acompaña al de decisión es revelador de los puntos en común que tienen las diferentes organizaciones. Esos puntos en común constituyen la base para el trabajo futuro compartido. De ahí que existe la posibilidad de que organizaciones que tienen diferencias concretas en algún punto específico puedan trabajar solidariamente en aquellos puntos de concordancia. Se espera que el trabajo realizado conlleve a un mayor aprecio y tolerancia de las diferencias y los puntos compartidos.

ESTRUCTURAS Y MECANISMOS QUE GARANTIZAN LA UNIDAD

La estructura del Frente tiene que ser una que garantice la participación igualitaria de todas las organizaciones adscritas al mismo para que la coordinación emane de la propia colectividad y no sea el resultado de personalidades particulares. Por tanto, los procesos de coordinación se orientan desde la base hacia las estructuras que puedan surgir a esos fines y no en sentido contrario. Como resultado, dichas estructuras no determinan política sino que ejecutan lo que precisamente ha decidido la base integrada por las organizaciones participantes. De ahí, la necesidad de que se integren a la base representantes de todos los municipios y de las comunidades puertorriqueñas en Estados Unidos. El contexto general que se desea lograr es el de un clima de interacción que permita ser elástico en las discusiones y generoso en las diferencias.

El elemento coordinador debe responder a la multi-representación organizacional. La modalidad particular que se adopte como esquema coordinador puede ser diverso, como por ejemplo: rotación de responsabilidades, elección escalonada, una junta nacional y varias juntas regionales representando los varios sectores o regiones de lucha por la salvación nacional.

CONTINUIDAD EN EL TRABAJO

El principio de continuidad comprende dos elementos esenciales. Primero, el Frente reconoce la continuidad histórica de la organización de los sectores populares por asegurar su sobrevivencia aunque dicha persistencia en la acción no sea percibida ni reconocida por diversos sectores políticos. En este sentido, el Frente es una mera continuidad histórica de los esfuerzos acumulados de nuestro pueblo por asegurar la conquista de los derechos fundamentales y de justicia social que le corresponden.

En segundo lugar, cualquier estrategia de salvación nacional demanda su persistencia en el tiempo para asegurar su carácter impactante. Ello, a su vez, moverá a las estructuras represivas del régimen vigente en Puerto Rico a tratar de coartar el desarrollo y culminación de la estrategia de salvación. Esto, sin embargo, sólo puede interpretarse como un inconveniente pasajero ya que el compromiso popular constituye el motor propulsor de una lucha justa y razonable que no podrá ser detenida.

Dado en Ciales, Puerto Rico el 14 de julio de 1990.
Según enmendado el día 7 de marzo de 1991.

Mensajes del Ejército Popular Boricua —Macheteros

CONMEMORACIÓN DE LA MASACRE DE PONCE
21 de marzo de 2005

Hermanas y hermanos puertorriqueños:

Nuestros hermanos representativos del patriotismo más arraigado fueron entrampados y asesinados en este hoy sagrado lugar. Su sangre derramada, esa que cada año, en este mismo día, lloramos y veneramos, es la sangre de todo el pueblo puertorriqueño. Fueron ellos quienes, enardecidos por el espíritu de un nacionalismo creativo y redentor; ese nacionalismo albizuista, revolucionario, de justicia social y de profundas raíces betancinas, hostosianas, bolivarianas y latinoamericanas; ese nacionalismo que estuvo enmarcado por el ideal antillano de Martí, Betances, Maceo, Máximo Gómez y muchos otros hombres y mujeres engrandecidos por su lucidez en un mundo de enajenación promovido por el imperialismo yanqui; fueron quienes sembraron en nosotros lo más profundos sentimientos de amor a la patria y de lealtad al pueblo que nos sirve de alimento para dejar crecer nuestras raíces.

Han pasado 68 años desde aquel doloroso día. Pero ese dolor ha engrandecido el amor patrio para todos los que hoy veneramos su memoria. Se ha convertido en bandera de lucha, promovido, no por alguna indigna sed de venganza, sino por la fidelidad a las mismas ideas que a ellos los llevaron al martirologio patriótico. Sus asesinos viven. Tienen el poder en nuestra patria. Son los mismos hoy que ayer: los colonialistas, los imperialistas y su séquito de vendepatria que aún pululan por nuestro suelo sagrado y mancillado por quienes anteponen sus beneficios personales a la libertad, a la dignidad y a nuestra supervivencia como pueblo.

Los pasados 107 años se han caracterizado por el engaño, por la mentira, por la corrupción, no solo de la conducta de quienes se benefician personalmente de ella, sino de la corrupción del alma y espíritu de los puertorriqueños que han sido y continúan siendo conducidos por el camino de la mentira y del individualismo brutal por un sistema divisionista que ha separado a algunos de su verdadera razón de ser como puertorriqueños, y por la compra de conciencias al igual que por el terror que se utiliza como arma sicológica contra nuestro pueblo por los colonialistas. Los fondos federales que devuelven a nuestro pueblo tras el saqueo, constituyen su mecanismo para sobornar y comprar conciencias mientras que, de esto no funcionarles para doblegar a todos, aplican la ley del terror de formas y maneras diversas. ¿Por cuántos años nos han estado diciendo que sin los yanquis nuestro pueblo se moriría de hambre? ¿Qué les ha sucedido a los patriotas altivos y decididos a luchar al igual que al pueblo que los apoya? Han sido perseguidos como si fueran criminales, torturados, discriminados y acosados.

Hoy pretenden hacernos creer que existen varias alternativas al colonialismo y entre ellas colocan a la anexión, con la aceptación de algunos hermanos independentistas, que aunque lo hagan de buena fe, están rindiéndole un flaco servicio a la patria. El único camino para nuestro pueblo es la independencia que es la permite el ejercicio pleno de la libertad que nos merecemos como seres humanos. La anexión es la culminación del colonialismo. El llamado ELA mejorado es la extensión del colonialismo y de sus males. Esa ideología que emana del complejo de inferioridad que han instilado en la conciencia de muchos puertorriqueños, constituye una desviación de lo que es nuestra esencia como seres humanos: nuestro derecho a existir como puertorriqueños, unidos a nuestro entorno caribeño y estrechamente vinculados a la Patria Grande, que es Nuestra América. Es lo que quería Betances, y tenía razón. Es lo que deseaba Hostos, y tenía razón. Es lo que ansiaban Albizu y Corretjer, y tenían razón. Es lo que pretendemos los luchadores que damos seguimiento a esas ideas de verdadera libertad, sin comprometer ni un ápice de nuestros derechos como puertorriqueños, de nuestros valores y de nuestros intereses nacionales, tal y como los somos todos los revolucionarios puertorriqueños que comprendemos a cabalidad los valores del nacionalismo albizuista, que en el día de hoy no es otro que el nacionalismo progresista, de justicia social y profundamente patriótico. Ahí están las verdaderas raíces de una unidad de los puertorriqueños como pueblo.

El camino, el único camino, es luchar por nuestra libertad total, no con falsos y altamente engañosos mecanismos conciliadores como lo son los que hoy se conspiran en la Legislatura y en las oficinas del Ejecutivo. Los hermanos independentistas que colaboran con esos proyectos que ahora toman el nombre de asamblea constitucional, para ya no hablar de lo que nunca fue, o sea la asamblea constituyente, actúan como aquel coronel inglés que, estando prisionero de los japoneses, construía el puente sobre el Río Kwai para su enemigo. No es cediendo en posiciones patrióticas como se hace patria, sino con *Valor y Sacrificio* como decía Albizu, aunque ahora algunos, en su rol como conciliadores de lo inconciliable, dicen que es arcaico.

En una ocasión en el 1930, Vicente Géigel Polanco, entonces admirador de don Pedro, expresaba que:

"Si nuestros desequilibrios de treinta y dos años no acusan otro balance que el de la incertidumbre prevaleciente; si al cabo de tres décadas de apostolados inconciliables reina una profunda desorientación en las muchedumbres puertorriqueñas en lo que concierne a sus aspiraciones políticas; si los mismos directores de opinión sienten vacilar la fe con hesitaciones [sic] de peligroso alcance y a ratos se escudan en la frase cobarde de que las soluciones definitivas corresponden al porvenir, prefiriendo seguir ellos la línea de menor resistencia, sin advertir que el futuro es consecuencia inmediata del presente y que el aplazamiento de cualquier problema que afecte a la vida o a la libertad apareja funestas complicaciones; si por difundir conceptos que se repelen, soluciones que no armonizan entre sí, ideales que no admiten términos de conciliación, hemos desviado la opinión pública del camino real de su auténtico destino, ¿acaso no ha llegado la hora de postular un solo credo, de señalar una sola ruta, de animar un solo pensamiento?"

Y podemos añadir, ya no se trata de 32 años, sino de 107 y la situación no es igual, sino gravemente peor. Albizu siempre ha tenido razón. Albizu es nuestro caudal histórico y no lo que se pretende convertir, en un valor ideológico arcaico cuando su prédica hoy cobra tanto valor como cuando fue expuesta originalmente.

Es por todo eso que estamos aquí presentes, entre ustedes, hermanos nacionalistas. Sus muertos en Ponce son nuestros muertos, son nuestros mártires, son nuestro paradigma patriótico. Les agradecemos el haber permitido estas palabras que cerramos, como lo hizo entonces el héroe nacional que con su sangre escribió en una pared aquí cerca:

¡VIVA LA REPÚBLICA, ABAJO LOS ASESINOS!
¡QUE VIVA PUERTO RICO LIBRE Y SOBERANO!
HASTA LA VICTORIA, SIEMPRE

CONMEMORACIÓN DEL NATALICIO DE RAMÓN EMETERIO BETANCES
08 de Abril de 2005

"¿Qué hacen los puertorriqueños que no se rebelan?"

Betances, Padre de la Patria, Ramón Emeterio Betances

Me dirijo a ti porque nuestro pueblo, hoy más que nunca, necesita de tu fuerza, de tu conciencia, de tu consistencia patriótica y revolucionaria, de tu sentido de justicia humana, de tu combatividad y de tu pensamiento. Me dirijo a ti, porque durante los 107 años que han transcendido después de tu partida, años en los cuales los más elementales principios que emanan de tus enseñanzas han sido poco a poco pero consistentemente resquebrajados por aquella debilidad que tú mismo tuviste que enfrentar tus largos años de lucha libertaria: fue la debilidad ideológica de una condescendencia debilitante de tu ser como Padre de la Patria. Ha sido la condescendencia oportunista de quienes no han sido capaces de estar a la altura de tu ejemplo, de tu firmeza, de tu dignidad, de tu persistencia, en fin: de la insobornable moral y dignidad que tiene que predominar en el espíritu de todo ser que tiene que servir de ejemplo para un pueblo inocente, abusado, engañado y que hoy más que nunca, te necesita.

Aquellos que han sabido seguir tu camino adecuando el pensamiento libertario y revolucionario a los tiempos en los cuales les tocó vivir, sin jamás perder tu derrotero moral y el espíritu de valor y sacrificio que exige esta difícil lucha de los puertorriqueños: Albizu, Corretjer, y todos los que han sabido mantener en alto esa bandera de lucha, han sido criticados. El fariseísmo acomodado, dominante, defensor de sus intereses, claudicante en la componenda negociada con quienes son los responsables de los males que nos azotan, condenan tus posturas de lucha diciendo que esos conceptos —para nosotros firmes, morales y dignos—, son arcaicos y que quienes predicamos en torno a ellos estamos desconectados de la realidad. Tienen muchas voces, muchos espacios de comunicación a través de los cuales, en medio de aspectos positivos, llevan de manera predominante su mensaje de confusión al exponer una concepción de lucha condescendiente que en nada los sacrifica, en nada los amenaza. Sin embargo, conducen al pueblo por caminos autodestructivos en los cuales la victoria libertaria se pospone durante quién sabe cuantas décadas. En la práctica, critican tu propia voz, tu propia existencia, tu propio ser, mientras en la palabra, te adulan y te utilizan deformadamente en aras de sus ideas e intereses.

Hablan de constituyentes —que no lo son— y de plebiscitos organizados por anexionistas y entreguistas tradicionales. La única constituyente posible solo puede ser aquella que los puertorriqueños organicemos cuando la libertad nos pertenezca, y no para decir que a través de ese proceso se podrá obtener la libertad. Le piden al opresor que por favor se decida a lo que quieren hacer con los puertorriqueños, cuando en realidad esa es la decisión de nosotros los puertorriqueños y no de los opresores. ¡Qué vergüenza! ¡Dónde está la dignidad que tú le imprimiste a este pueblo nuestro!

Betances, aquí, en este lugar en el cual tus restos reposan, aunque no en paz, te juramos: ¡Los Macheteros seguiremos tu camino! ¡No importa los sacrificios que sean necesarios porque ellos significan vida, libertad y justicia para nuestro pueblo! Tu bandera jamás caerá, como Albizu no la dejó caer, como Corretjer no la dejó caer. Tú señalabas, con gran sabiduría, el camino bolivariano con tu prédica de unión de nuestro destino al de nuestros hermanos caribeños. Esos sueño, hoy más que nunca, se van haciendo realidad en Nuestra América, Patria Grande para todos los latinoamericanos y por ende, para los puertorriqueños. Esa bandera jamás la dejaremos caer.

¡Que Viva Puerto Rico Libre!
¡Hasta la Victoria Siempre!

ACTIVIDAD CONMEMORATIVA DEL NATALICIO DE DON PEDRO ALBIZU CAMPOS
12 de septiembre de 2005

Hermanos puertorriqueños:

En 1930, Don Pedro Albizu Campos, hizo un llamado a rescatar el Grito de Lares. En su convocatoria ex presaba:

> "Concurra ese día **toda la Nación Puertorriqueña**, con la unción debida, a Lares, tierra privilegiada y consagrada en la historia Patria, a rendir tributo de respeto a los mártires de la causa de la Redención Nacional; ante las tumbas de los patricios, invoquemos el espíritu de la manos libertadores; forjemos el solemne juramente de ser dignos descendientes de nuestros abuelos, y de que cumpliremos con el deber patriótico de organizar inmediatamente el gobierno de la República."

Cuando don Pedro hacía su patriótico llamado a "toda la Nación Puertorriqueña" se refería a la totalidad del pueblo. La Nación somos todos. Don Pedro distinguía perfectamente entre los falsos líderes fundadores de partidos reaccionarios al servicio del colonialismo, y ese pueblo confundido que les da apoyo condicionado, pero que son parte de la Nación.

Nuestro pueblo, ese pueblo que a través de los pasados 107 años ha sido conducido por el camino de la aceptación del mal colonial, a veces confunde sus intereses verdaderos con aquellos intereses de quienes ejecutan la política colonial en nuestra patria. Ha sido un pueblo burlado en su buena fe que está fundamentalmente confundido por la propaganda de los colonialistas y por dirigentes de partidos prepotentes que son fieles al gobierno opresor. Pero esos seres humanos nacidos en esta Patria, son pueblo, constituyen la parte vital de nuestra lucha libertaria porque son parte de nuestra Nación.

Don Pedro lo sabía, lo sentía; los quería a todos en Lares para ayudarlos a comprender la realidad que vivían y cuyos fundamentos desconocían, porque los habían enseñado a ignorarla. Son personas inocentes que, para sobrevivir en un sistema en el cual la desigualdad y la inseguridad son elementos predominantes, se adhieren a esos deformadores de conciencia porque sienten no tener alternativa.

Lares puede ser una forma de ayudarlos a comprender su realidad, nuestra realidad, y establecer vínculos de patriotismo organizado. Eso, porque como nos fue legado por don Pedro: Lares es para rendir tributo a los Mártires de la causa nacional; en Lares todo nuestro pueblo tiene que renovar su juramento ante esos mártires, ante esos patricios, ante el Padre de la Patria. Esos sectores victimizados por la propaganda y mecanismos de compra de conciencias son nuestros hermanos. Lares es también de ellos. Tenemos que invitarlos. No a los traidores; no a los *vende patria*, sino a ese pueblo de hermanos que el colonialismo ha logrado confundir con su propaganda intensiva, con sus dádivas y con sus chantajes y represión. **Todo aquel que respete el ideal de la independencia debe ser bienvenido en Lares.**

CONMEMORACIÓN DEL GRITO DE LARES
23 de septiembre de 2005

Hermanos y hermanas puertorriqueños:

Han pasado 137 años desde que Betances, los venezolanos puertorriqueños Manuel y Miguel Rojas, Manolo el Leñero, Mariana Braccetti y muchos otros héroes de esta Patria lanzaran su Grito en este ya histórico pueblo de Lares; y han pasado 140 años desde que la hermandad antillana, a través de la Junta Republicana de Cuba y Puerto Rico establecida en la ciudad de Nueva York, conspiraba para fraguar no sólo este grito nuestro, sino también el Grito de Yara que en Cuba se desatara algunas semanas más tarde.

Nuestro Grito de Lares constituyó un sólido avance a lo que ya se había convertido en tradición de lucha libertaria que, desde muchas décadas antes, había tomado cuerpo en nuestro General Antonio Valero de Bernabé al lado de Simón Bolívar, con la eterna conspiradora desde el clandestinaje que fue María de las Mercedes Barbudo, con los patrióticos hermanos Vizcarrondo, con Segundo Ruiz Belvis, Eugenio María de Hostos y con tantos otros puertorriqueños cuyos nombres no son tan conocidos pero cuyo compromiso libertario fue forjando el camino a la Patria.

Ya desde poco antes del Grito de Lares, Ramón Emeterio Betances tuvo que hacerle frente a unas tendencias de carácter reformista que hacían mucho más difícil la lucha gestadora de la revolución libertaria. Lo hacía con firmeza, pero con la caballerosidad y respeto que imponía su condición revolucionaria y en el cual la ofensa personal y el insulto no tenían cabida. En otras palabras, en nuestra tradición de lucha también se forjaron unos estilos de conducta para los revolucionarios y patriotas, estilos que abrían puertas a la comunicación entre aquéllos que promovían tendencias contrarias a las ideas betancinas, siempre manteniendo con firmeza la fidelidad a las concepciones libertarias revolucionarias. El Grito de Lares, cuya victoria fue profundización de nuestra tradición de lucha, fue ejemplo de ello.

Esa tradición de lucha patriótica fue tomada por Pedro Albizu Campos y elevada a niveles de grandes sacrificios, de seria combatividad, de esperanzas y de fe en la victoria. Esa es la esperanza y fe en la victoria que quedó consolidada en la conciencia de todos los puertorriqueños, incluyendo a aquéllos que por temores o intereses confundidos, aún se mantienen como observadores.

La realidad que enmarcaba la lucha cuando Betances lanzaba su Grito en Lares, era una de esclavitud, de libreta de jornaleros, de componte, de miseria y hambre, de indigencia, de educación inexistente, de insalubridad, y sobre todo, de falta de libertad; de falta de soberanía nacional para resolver todas esas necesidades. Se trataba de hacerle frente a un colonialismo aplicado con toda su brutal magnitud y criminalidad y para el cual la independencia, como en la actualidad, era la única alternativa.

La realidad que enmarcó la lucha de don Pedro Albizu Campos era muy similar a la que sufría nuestro pueblo durante la época de Betances, pero de aplicación de mecanismos coloniales de explotación y deformativos diferentes. Don Pedro le hizo frente a condiciones de vida infrahumanas para la mayor parte de la población puertorriqueña; le hizo frente a los abusos contra los obreros de la caña y obreros en general; a la institucionalización del mantengo; a la utilización de nuestra nación para experimentación, tanto de uso militar como de medicamentos que iban inventando y probando en nuestro pueblo; a la esterilización engañosa y forzosa de la mujer puertorriqueña; a los ensayos con las políticas de mantengo con fines enajenantes; a la conversión de nuestro territorio nacional en una gran base militar, a la imposición del servicio militar obligatorio que conducía a nuestros jóvenes a guerras inmorales y sujetos a ser muertos, heridos o sencillamente mutilados tanto física como mentalmente, todo ello en guerras que han desatado en el mundo para consolidar sus intereses capitalistas y políticas hegemónicas.

Pero también don Pedro tuvo que hacerle frente a unos sectores criollos serviles a los colonialistas, al igual que a aquellos que, siendo independentistas, soñaban que a través de la aplicación de tendencias reformistas o electorales la independencia era posible. Sin embargo, al igual que durante la época de Betances, esas tendencias ayudaban en la consolidación del sistema colonial imperante, naturalmente, sin proponérselo. Aun cuando don Pedro desarrolló su lucha en tiempos de profunda crisis económica, los reformistas, con el entonces independentista Luis Muñoz Marín a la cabeza, les sacaron las castañas del fuego a los colonialistas. Ese fue un gran servicio prestado que produjo cambios en la aplicación del colonialismo en nuestra patria, pero que lo consolidó en condiciones favorables para los explotadores.

La etapa contemporánea que vivimos y que comenzara con el establecimiento del Estado Libre Asociado, modificó la forma colonial de vida. Legalizaron, ahora con un ilegítimo y falso sentido de consentimiento, la explotación económica colonial que ha eliminado nuestra producción agrícola y nos ha convertido en mercado de consumo de productos agrarios procedentes de Estados Unidos; legalizaron, mediante una supuesta defensa común, la aplicación del Servicio Militar Obligatorio continuando con ello forzando a nuestra juventud a participar en sus guerras de agresión y saqueo. Ahora los colonialistas introducen a sus llamados reclutadores, que más bien son abusadores y pervertidores de menores, para inducir a nuestros jóvenes a que aprendan a matar y a participar en sus sucias guerras. ¡Y ya van cuatro grandes guerras, como las de Corea, de Vietnam, de Afganistán y de Irak, además de las numerosas guerras casi invisibles pero que, como guerras imperialistas al fin, son inmorales y de rapiña! Ahí tenemos la invasión que se hizo sobre el territorio hermano de la República Dominicana en los años sesenta; ahí tenemos la invasión sobre el territorio de Grenada; ahí tenemos su intervención en Panamá, donde asesinaron a miles de seres humanos. Ahí tenemos sus incesantes agresiones criminales contra nuestra hermana República de Cuba, contra Nicaragua, contra Guatemala, y ahora, contra la República Bolivariana de Venezuela. Han hecho uso de nuestro territorio como bastión militar como les ha dado gusto y gana, experimentando con sus armas biológicas y de exterminación masiva, y todo ello con el supuesto consentimiento legalizado de lo que fue la reforma mayor que es el ELA. Se han apoderado del comercio interno puertorriqueño arruinando a los nacionales, con la instalación de sus grandes centros comerciales y mega tiendas; se han convertido en los controladores y dueños de nuestra industria con sus farmacéuticas y fábricas de productos electrónicos; han destruido, de manera premeditada, nuestra autoestima como pueblo mientras fortalecen un sentido individualista, desvalorizando el espíritu colectivo como nación. Ahí reside el fundamento psicológico de la gran división existente en todo nuestro pueblo.

Mientras somos víctimas de todas estas inmorales agresiones, los independentistas, que tenemos que ser los que ayudemos a profundizar en el pueblo la conciencia patriótica, defensiva y salvadora de nuestra nación, caemos en trampas dedicando muchos esfuerzos a tonterías divisionistas mientras en Washington se mueren de risa.

Sin lugar a dudas, en el seno de las fuerzas patrióticas de nuestro país existen diversas tendencias ideológicas y concepciones de lucha. Eso es natural; tiene que ser así porque el independentismo en su heterogeneidad clasista, tiene que responder conforme a lo que son los intereses de cada componente social patriótico. Los trabajadores, que constituyen la inmensa mayoría de nuestra nación, tienen unos intereses muy particulares; los comerciantes y sectores de la pequeña burguesía puertorriqueña, tienen otros, y, aun aquellos sectores de profunda conciencia puertorriqueñista y que son intelectual y materialmente privilegiados, pueden proyectar otras tendencias. Quizás este no sea el momento para analizar esa realidad particular, por su complejidad. No obstante, existe algo en común entre todos los sectores sociales que he mencionado, y es que todos somos independentistas. Es por eso que existe un Partido Independentista que cree en la participación electoral; es por eso que existen sectores independentistas que creen en la legalidad, y es por eso que existen sectores obreros que también son poseedores de sus propias concepciones y orientación de naturaleza socialista. Igualmente, es por eso que existen fuerzas que organizamos la lucha anticolonial desde el clandestinaje.

Todos tenemos una visión y entendimiento de nuestra realidad colonial determinada por unos objetivos finales al igual que por esos intereses de clase. Esa es parte de nuestra realidad. Pero lo más importante, lo táctica y estratégicamente fundamental, es que todos somos independentistas y nos corresponde a todos luchar por la independencia ahora. Lo que hagamos cuando nuestra patria sea libre y soberana, lo podemos discutir al triunfar, cuando hagamos nuestra Asamblea Constituyente para definir nuestro sistema político, económico y social. Pero ahora tenemos que luchar juntos, cada uno de nosotros, en el espacio que entienda como el correcto para el desarrollo de sus ideas. Lo menos que podemos hacer todos es intentar comprendernos y respetar esos espacios, lo que no quiere decir que estemos exentos de opinar respecto a nuestras particulares concepciones y, hacerlo con el mayor respeto y en el foro que pueda ser creado para esos debates ideológicos de futuro, al igual que saber llevar nuestras concepciones a quien tiene la última palabra, que es nuestro pueblo.

Aunque tengamos diferencias con el camino escogido por cada sector, podemos expresar nuestras ideas y nuestras preocupaciones ideológicas a los hermanos que están, como todos lo estamos, en la obligación patriótica de fomentar el espíritu libertador de nuestro pueblo en el foro que, conforme a los criterios de cada cual, han determinado como arena de lucha política.

Algunos compañeros han escogido la participación electoral y hacer su trabajo en la Asamblea Legislativa. Pero nos sentimos en la obligación patriótica de recomendar que hagan uso efectivo de ese espacio que han elegido para sus luchas. Conviertan ese foro de inmoralidad en uno de fuerte crítica a los ladrones y lleven ese mensaje directamente al pueblo en todos los municipios en los cuales tienen a sus correligionarios. Ahí no puede existir ni el amiguismo ni el oportunismo para lograr mayores fondos y beneficios económicos. Aprendamos de don Pedro. Que se lleve la voz del adecentamiento de ese centro de corrupción y de saqueo de los fondos generados por el pueblo trabajador; y a nuestro juicio, por consiguiente, están en la obligación de llevar el mensaje de la verdad, además de a ese foco de corrupción, y sobre todo, directamente al pueblo. Lo contrario es prácticamente convertirse, ante los ojos del pueblo, en cómplices de esa realidad y, no me cabe duda, ese no es el objetivo de esos hermanos y patriotas independentistas. También tienen el deber de movilizar al pueblo en demanda de una mejor legislación, sin componendas que desvían al pueblo de los objetivos reivindicativos. De no ser así, entonces, ¿para qué tener el privilegio de estar ubicados en todos los municipios de nuestra patria?

Otros hermanos de mayor amplitud y alcance político en su compromiso patriótico, por su intenso historial de luchas y activismo pasado, conocen perfectamente cómo el pueblo de manera espontánea, ese pueblo que se ha dado en llamar sociedad civil, reclama sus derechos para bien de la patria. ¿Cómo no organizar una movilización masiva en apoyo a esa heroica madre, Sonia Santiago, que teme por la vida de su hijo en Irak y reclama justicia para evitar que otras madres sufran el dolor que ella, y todos nosotros con ella, hemos sufrido por la amenaza a la vida de su hijo al igual que de todos los hijos de la gran familia puertorriqueña? ¿Cómo no apoyar activa y firmemente la acción de dos mujeres valientes, Marta Villaizán y Aleida Centeno, que se han lanzado prácticamente solas en una campaña denunciativa de lo que es el intento de privatizar y robarse el agua de nuestra patria y de la experimentación en el Yunque?

Son tantos los males que afectan a nuestro pueblo que, no nos cabe duda, sería un aporte de gran valor patriótico el poder trabajar con esos sectores, elevando su nivel, no de conciencia, porque la tienen —y creo que a veces con mayor profundidad que la de los que tenemos responsabilidades de liderato—, sino organizativo, para que coordinen su quehacer de manera colectiva y firme para reclamar sus derechos violados.

Específicamente, y con mucho respeto, queremos aprovechar la oportunidad para solicitar a todas las organizaciones que trabajan en la exigua legalidad para sugerir la colocación de tres asuntos entre sus prioridades de trabajo educativo y de movilización: en primer lugar, el llamado a estar atentos a los federales en sus movidas en el lugar de residencia de Yuquiyú, nuestro altivo Yunque de Luquillo. Ahora, por supuesta petición de un grupo de traidores como Fortuño y la archifascista ex-cubana Ileana Ros Lehtinen, han colocado al Yunque bajo el control de los federales, y cuando los federales se encargan de algo como lo hacen con el mecanismo controlador de Pesca y Vida Silvestre en Vieques, algo se traen. Nosotros expresamos con firmeza que: **¡El Yunque es nuestro, no se atrevan a tocarlo!**

Igualmente, es fundamental ofrecer y movilizar a nuestro pueblo para evitar ese robo descarado y atropello contra la propia existencia de todos los puertorriqueños, que es la privatización del agua y su entrega a los colonialistas yanquis, que es lo mismo que intentan hacer con todas las fuentes de agua en Nuestra América.

En tercer lugar, es vital que todos nos unamos para apoyar la lucha antimilitarista y reforzar a esa madre boricua que lo único que desea es salvar la vida de su hijo, al igual que las de todos los jóvenes boricuas que de manera engañosa han sido inducidos u obligados a entra el ejército yanqui y a pelear en Irak asesinando a un pueblo inocente que lucha por su total soberanía y autodeterminación. Al todos los independentistas unidos ofrecerle el apoyo, estaremos salvando a nuestra juventud y por ende, a la Patria.

A veces escuchamos quejas criticando al pueblo porque no ha sido capaz de lanzarse a la calle para protestar contra tanta inmoralidad. Pero, ¿qué hemos hecho los independentistas para que eso pueda suceder? ¿Cómo es posible que le echemos la culpa al pueblo por lo que no hace cuando los independentistas, que se supone seamos los más conscientes y comprometidos, no hemos sido capaces de crear las condiciones de educación en la acción? ¿Acaso hemos estado junto al pueblo? Cada uno de nosotros tiene que reflexionar al respecto.

Es por eso que hacemos un amplio llamado: a los hermanos del PIP, activando sus denuncias en la legislatura, educando y con el pueblo; a los hermanos y hermanas del MINH en la denuncia de la inmoralidad del sistema, en defensa de todos nuestros derechos y con el pueblo; a los hermanos y hermanas socialistas con los obreros, con la nación y con el pueblo; los Macheteros estaremos insertados en esos procesos, como lo hemos estado, como retaguardia defensiva, y también apoyando los esfuerzos organizativos de nuestro pueblo en lucha a quienes lo hacen desde la legalidad; como retaguardia defensiva y también organizativa de nuestros obreros organizados; como retaguardia defensiva de nuestra nación, tal y como nos ha caracterizado. Y todo conforme a lo que es la letra de nuestros respectivos programas patrióticos. Así nos encontraremos en el camino y, al decir de Antonio Machado: *se hará camino al andar*, y el proceso de unidad patriótica y revolucionaria, si ejecutado correctamente, abrirá camino a la unidad fundamental, que es la unidad que el propio pueblo va forjando en torno a nuestro futuro.

Compañeras y compañeros:

En Nuestra América soplan vientos de libertad. Los puertorriqueños sentimos en nuestro espíritu patriótico los efectos de esos aires generados por la fuerza que emana de la

República Bolivariana de Venezuela, al igual que de nuestros próceres; de nuestra historia mancomunada con la patria de Bolívar, la de Martí, la de Luperón, la de Toussaint L'Ouverture, de una tradición de lucha amarrada por la sangre generosa de miles de mártires puertorriqueños, latinoamericanos y caribeños. Venezuela, con el Presidente Hugo Chávez Frías a la cabeza, y Cuba, con el Comandante Fidel Castro, están abriendo los caminos de esa unidad latinoamericana y caribeña. Los puertorriqueños, que hemos luchado hombro a hombro con los hermanos caribeños por su libertad, con Simón Bolívar hace dos siglos, con Máximo Gómez y José Martí cuya manigua cubana fue regada con nuestra sangre boricua, nos hemos ganado ese derecho a formar parte de lo que somos: latinoamericanos con identidad propia, la identidad borinqueña.

Todos esos hermanos reconocen nuestro derecho porque somos iguales; hablamos el mismo idioma; nuestras culturas, con sus pintorescas diferencias, se complementan; tenemos una historia común de lucha solidaria, y porque ese espacio nos corresponde por natural pertenencia. Las puertas están abiertas y el futuro, tanto económico como político y social, estaría asegurado si logramos liberarnos de este yugo criminal que ha impedido durante tantos años que podamos regir nuestro destino en unión a nuestros hermanos latinoamericanos.

Ante eso, en este día memorable, recordemos a nuestro Betances, a nuestro Ruiz Belvis, a nuestro querido Albizu y sigamos el camino por ellos señalado gritando:

¡QUE VIVA PUERTO RICO LIBRE!
¡QUE VIVA LA UNIDAD INDEPENDENTISTA!
¡QUE VIVA LA UNIDAD LATINOAMERICANA!
¡HASTA LA VICTORIA, SIEMPRE!

Cronología de Filiberto Ojeda Ríos

1933 26 de abril. Nace en Naguabo, Puerto Rico. Su padre fue Inocencio Ojeda, maestro de escuela primaria y cadete de la República del Partido Nacionalista de Puerto Rico, y su madre fue Gloria Ríos Algarín, quien administraba la oficina de correo en el Barrio Río Blanco de Naguabo.

1944 Emigra a Nueva York junto a su madre, donde cursa estudios en la escuela elemental e intermedia.

1947 Regresa a Puerto Rico y termina la escuela superior. Cursa estudios en la Escuela Libre de Música.

1948 Comienza estudios en la Universidad de Puerto Rico.

1950 Regresa a Nueva York, donde trabaja en fábricas y continúa los estudios musicales que había iniciado en Puerto Rico.

1952 Estando en Nueva York, contrae matrimonio con Blanca Iris Serrano, de esta unión nacen sus cuatro hijos, Filiberto Inocencio, Edgardo, Wilberto e Iris.

1955 Integra la orquesta del profesor Héctor Narváez y colabora con la orquesta de Miguelito Miranda y la Orquesta Panamericana, tocando la trompeta.

1957 Comienza su participación en actividades políticas uniéndose al Movimiento 26 de Julio de Cuba.

1958 De 1958 a 1959 se une al Movimiento Libertador de Puerto Rico.

1961 Viaja a Cuba con su familia. Una vez allí, se une al Movimiento Pro Independencia de Puerto Rico.

1964 Ingresa a la Universidad de La Habana y durante un año estudia ciencias políticas.

1966 Se convierte en subjefe de la Misión Permanente del Movimiento Pro Independencia en Cuba.

1966 Se convierte en delegado alterno de la Organización de Solidaridad por los Pueblos de Asia, África y América Latina (OSPAAAL).

Desde 1966 hasta 1969 fue miembro del directorio de la Asociación de Puertorriqueños Residentes en Cuba. Fue editor de las publicaciones sobre Puerto Rico dirigidas a la comunidad puertorriqueña y latinoamericana en Cuba.

1969 Regresa a Puerto Rico. Fue testigo del ataque policiaco y de elementos de derecha en contra de las oficinas centrales del Movimiento Pro Independencia de Puerto Rico en Río Piedras.

1970 Lo arrestan, acusándolo de ser parte del Movimiento Independentista Revolucionario en Armas (MIRA).

Los cargos para arrestarlo fueron retirados en 1980 por falta de pruebas.

Desde 1970 hasta 1985 vivió en la clandestinidad.

1976 26 de julio. Se funda la organización Los Macheteros, de la cual fue miembro fundador. Se componía del Ejército Popular Boricua (EPB), sección para el desarrollo de la lucha armada, y el Partido Revolucionario de los Trabajadores Puertorriqueños (PRTP), sección para la participación política en todos los sectores de la lucha patriótica y reivindicativa. Filiberto es nombrado Responsable General de Los Macheteros. Posteriormente la organización se divide, permaneciendo Filiberto como Responsable General del Ejército Popular Boricua – Macheteros, organización en la que milita hasta su muerte.

1985 30 de agosto. Es arrestado en Luquillo, en lo que se conoce como la segunda invasión de los yankis a Puerto Rico, cuando centenares de agentes del Buró Federal de Investigaciones (FBI) realiza operativos en múltiples pueblos de la isla para arrestar a luchadores independentistas. Filiberto enfrenta a sus adversarios ejerciendo una defensa por su hogar, su patria y su vida. Lo llevan a la Corte Federal en San Juan y una vez completado el proceso de extradición, lo trasladan en helicóptero a la Base Muñiz. De allí, lo llevan a una base militar en Nueva Jersey hasta finalmente ingresarlo en la prisión de Otisville en Nueva York.

1988 12 de mayo. Un juez de la Corte de Circuito de Estados Unidos determina que es un bochorno tener en prisión a un individuo durante 2 años 8 meses y 20 días en detención preventiva sin derecho a fianza.

13 de mayo. Un panel de jueces ordena unánimemente liberarlo de la detención preventiva, cumpliendo con una serie de requisitos.

26 de agosto. El FBI lo arresta, radicándole cargos por resistir el arresto en Luquillo, Puerto Rico en 1985. Es llevado a Hartford, luego a Nueva York y por último a San Juan.

9 de septiembre. El magistrado federal en Puerto Rico le impone detención preventiva.

1989 26 de agosto. Es declarado inocente de todos los cargos, por un jurado puertorriqueño. No es liberado hasta el 28 de agosto, en clara violación a los procedimientos que exigen la liberación de un acusado que ha sido declarado inocente en veredicto unánime.

Es llevado a Hartford, donde se le deja en libertad provisional con un grillete electrónico.

1990 19 de septiembre. Contrae matrimonio con Elma Beatriz Rosado Barbosa.

1990 23 de septiembre. Se anuncia su regreso a la clandestinidad durante los actos del Grito de Lares.

1990 2 de octubre. Aparece el grillete electrónico en la puerta de las oficinas del periódico *Claridad.*

En Hartford lo juzgan en ausencia, condenándolo a 55 años de cárcel.

Desde 1990 hasta el 23 de septiembre de 2005 vive en la clandestinidad, destacándose, simultáneamente como Responsable General del Ejército Popular Boricua – Macheteros.

2005 23 de septiembre. Un comando militar, de más de 200 agentes de las fuerzas represivas de los Estados Unidos, asesina al Comandante Filiberto Ojeda Ríos en su residencia, ubicada en el sector Plan Bonito del municipio de Hormigueros, Puerto Rico.

Exponen su cuerpo en capilla ardiente en el Ateneo de Puerto Rico y en el Colegio de Abogados de Puerto Rico, en ambos lugares, el pueblo le hizo guardia de honor. El sepelio se realizó en su pueblo natal, Naguabo, en el Barrio Río Blanco. Miles de puertorriqueños acompañaron la procesión desde San Juan hasta Naguabo en solidaridad con la vida de Filiberto.

Durante el año 2006, cada 23 de mes se celebraron Vigilias por la Dignidad en distintos pueblos de la isla, para recordarlo y en reclamo de justicia. Artistas por la Dignidad también realizó actividades cada 23 de mes. El 23 de septiembre de 2006, al finalizar los actos del Grito de Lares, se realizaría una caravana hasta Hormigueros, para celebrar una Vigilia en la residencia donde fuera asesinado, presidida por la consigna ***De Lares a Hormigueros, De Betances a Filiberto.***